총을 든 여성 독립운동가,
# 남자현

총을 든 여성 독립운동가, **남자현**

지은이 김재복
그린이 이상권

처음 펴낸 날 2018년 11월 12일
3쇄 펴낸 날 2021년 11월 20일

펴낸곳 이론과실천
펴낸이 최금옥
등록 제10-1291호
주소 (07207) 서울시 영등포구 양평로21가길 19 선유도우림라이온스밸리 B동 512호
전화 02-714-9800
팩시밀리 02-702-6655

ISBN 978-89-313-8167-2 73990

- 이 도서는 한국출판문화산업진흥원 '2018년 우수출판콘텐츠 제작 지원 사업' 선정작입니다.
- 이 책의 일부 또는 전부를 사용하려면 반드시 저작권자와 이론과실천 양측의 동의를 모두 얻어야 합니다.
- 이 도서의 국립중앙도서관 출판예정도서목록(CIP)은 서지정보유통지원시스템 홈페이지(http://seoji.nl.go.kr)와 국가자료공동목록시스템(http://www.nl.go.kr/kolisnet)에서 이용하실 수 있습니다.(CIP제어번호: CIP2018034846)

- 값 12,000원
- 잘못된 책은 바꾸어 드립니다.

 고아이실은 이론과실천 의 어린이책 브랜드입니다.

KC 품명 도서  제조자명 도서출판 이론과실천  제조국명 대한민국  사용 연령 10세 이상
주소 서울시 마포구 양화로 56 동양한강트레벨 714호  전화 02-714-9800  제조년월 2021년 11월
KC 마크는 이 제품이 공통안전기준에 적합하였음을 의미합니다.

총을 든 여성 독립운동가,
# 남자현

글 김재복 | 그림 이상권

차례

지은이의 말 7

1 • 꽃 같은 시절 10
　역사 돋보기 강화도 조약과 우리나라의 개항 19

2 • 가는 것과 오는 것 21
　역사 돋보기 단발령과 의병 운동 31

3 • 또 하나의 기다림 33

4 • 그날의 함성 44
　역사 돋보기 한일 병합 조약과 3·1 운동 52

5 • 만주 가는 길 54
　역사 돋보기 만주의 상황과 독립운동 단체 68

6 • 두 개의 손가락 70

7 • 다시 경성으로 79

🔍역사 돋보기 일제의 문화 통치 89

8 • 안창호를 구하라! 91

9 • 영영 이별 97

10 • 무명지마저 자르고 104

11 • 깊은 잠 111

**남자현의 생애** 116

## 지은이의 말

한국 독립운동 역사에서 여성 독립운동가에 대한 기록은 그 희생을 충분히 담고 있지 않은 것 같아. 무장 독립운동 역사에서는 더더욱 찾아보기 힘들어. 무장 투쟁에 참여한 여성 독립운동가가 적기도 했지만 여성이 무장 투쟁 운동가로 앞에 나설 기회가 적었기 때문일 거야.

남자현을 알기 시작하면서 나는 그가 신기했어. 일곱 살에 한글을 알고 아버지가 가르쳐 주는 글도 어렵지 않게 배웠던 걸로 봐서 굉장히 적극적인 아이였던 모양이야. 훈장이었던 아버지가 가르치는 학생들이 공부와 의병 활동을 함께 하는 걸 보면서 남자현은 어떤 생각을 했을지 궁금했어. 남자현의 남편은 아버지의 학생이었는데 의병으로 싸움에 나갔다가 총탄에 맞아 세상을 떠났어.

남자현이 딸, 아내, 어머니, 며느리로 40년을 살다가 독립운동을 하기로 마음먹고 멀고 험한 길을 떠나는 걸 보고는 무척 놀랐어. 이후 남자현의 무장 독립운동 역시 놀라움의 연속이었지. 여성이라는 것이 전혀 방해가 되지 않았어. 남자현은 그냥 독립운동가 중 한 사람이었지.

나는 남자현이 자기가 할 수 있는 일을 찾아 그 길을 멈추지 않고 간 거라고 생각해. 이 책을 통해 그건 아주 어려운 일이었다는 걸 말하고 싶었어. 몸과 마음 모두 힘든 일이었고 그만 둬도 되는 일이었지만 남자현은 죽는 순간까지 조국의 독립만을 생각했어. 어떻게 그럴 수 있었을까? 그것이야말로 우리가 끝까지 자신의 신념을 지켜 낸 사람을 존경하는 이유일 거야.

알려진 인물에 대해 이야기한다는 것은 어려운 일이야. 혹시라도 그분의 삶을 잘못 쓰면 안 되니까 말이야. 남자현 이야기를 하면서 특히 어려웠던 것은 기록되지 않았고 기억할 수 없는 시간들이 많았기 때문이야. 그래서 상상으로 채워 넣어야 하는 부분들이 생겼어. 남자현의 삶을 이해해 보려는 노력이라고 생각해 주길 바랄 뿐이야.

남자현을 따라 그 시대 그 사건 속으로 가면서 내가 다시 확인했던 것은, 알려지지는 않았으나 그 시절을 살아 낸 수많은 사람들이야. 아이도 있었고 노인도 있었지. 식민지를 조국으로 두고 남의 나라 땅에서 산다는 건 지금으로서는 도저히 상상할 수 없는 힘든 일이었을 거야. 쫓겨나고 달아났지만 다시 돌아오거나 그게 안 되면 새로 땅을 일구고 농사를 지었지. 기후를 잘 몰라 농사를 망치는 일도 다반사였대. 그런데도 아껴 둔 돈을 독립 자금으로 내놓았다고 해.

그런 사람들이 일본 제국의 총탄에 맞고 칼에 찔려 죽음을 맞았지. 아무도 기억해 주지 않은 죽음들이야. 그런 참혹한 상황에서 여성들은 아이를 낳고, 기르고, 독립운동 하러 나간 남편을 대신해 가족의 생계를 책임졌던 거야. 없는 살림이지만 독립운동가들에게는 정성을 다해 따뜻한 옥수수밥 한 그릇을 지어 줬어. 그것밖에 해 줄 수 없는 걸 오히려 미안해했던 수많은 여성들이 있었어. 우리는 최선을 다해 그들을 기억하려고 노력해야 할 것 같아. 부디 독립운동가 남자현 이야기가 그 기회가 되었으면 좋겠어.

# 1
## 꽃 같은 시절

12월인데도 바람은 봄날처럼 부드러웠어. 마을이 폭신한 햇살 이불을 덮고 있는 것만 같았지. 그날 아기 울음소리가 들리는가 싶더니 수회재 남정한 집 대문간에 금줄이 내걸렸어.

엄마 품에 안긴 아기는 두 주먹을 꼭 쥔 채 힘껏 젖을 빨았어. 이씨 부인은 아기 이마에 송송 맺힌 땀방울을 닦아 주었지.

"잘 먹고 잘 자라야 한다, 자현아!"

남정한이 아직 태태아를 둘러싼 태반이나 탯줄 등을 이르는 말를 벗지 못한 아기 볼을 쓰다듬었어. 아기가 그 말을 알아듣기라도 한 듯 입술에 힘을 주었어. 그 바람에 젖이 입안에서 넘쳐 사레에 걸렸지 뭐야. 이씨 부인은 얼른 아기를 바로 안아 등을 토닥였어. 아기도 놀랐는지 그만 으앙 하고 울음을 터뜨렸어.

"하하하, 그 녀석! 요란도 하다!"

남정한은 머쓱한지 자리를 털고 일어났어.

이씨 부인은 남편을 올려다보며 말했어.

"자현, 이름이 참 좋아요."

남편은 아기를 낳고 부기가 빠지지 않은 아내를 안쓰럽게 바라봤어. 고생했단 말 한마디 안 한 게 그제야 생각났던 거야. 양반 체면이 뭔지, 이제 와 말하기도 쑥스러웠지.

"세상이 하도 어지러워 이 아이가 살아갈 앞날이 걱정이구려."

아버지의 걱정과는 달리 자현은 잘 먹고 쑥쑥 자랐어.

걸음마를 하고 나서는 안마당을 휘젓고 다닐 정도였지. 비틀거리다가 몇 걸음 못 가 넘어지기 일쑤였지만 아기는 아프다고 오래 보채거나 울지 않았어.

며칠 전 내린 비로 땅이 흠뻑 젖은 어느 날이었어. 훌쩍 큰 꼬마 자현이 꽃을 딴다고 꽃밭에 들어갔을 때였지. 꿀을 빨던 나비가 갑자기 자현의 얼굴로 날아든 거야. 그 바람에 자현은 엉덩방아를 찧고 말았어. 대청마루에서 다듬이질을 하던 이씨 부인과 안골댁은 그 모습이 귀여워 배꼽을 잡고 웃었지.

자현은 자기를 놀리는 걸 알았는지 뿔이 나서 씩씩대더니 냉큼 달려와서 눈물 한 방울을 매단 눈으로 안골댁을 째려봤어. 그러곤 개켜 놓은 옷가지를 다 흩어 놓았어. 흙이 잔뜩 묻은 손으로 말이야. 지금 막 다듬이질을 끝낸 옷가지가 뜨락에 떨어지고 말았어.

"아이고머니나, 우리 애기씨, 화났어요? 단감자고구마 쪄 놨는데 갖다 드릴 테니 화 풀어요."

안골댁이 골이 잔뜩 난 자현을 달래며 말했어. 단감자라는 말에 자현의 입이 헤벌쭉 벌어졌지.

안골댁은 김이 모락모락 오르는 단감자를 내왔어. 젓가락으로 단감자 허리를 쿡 찔러 자현에게 건넸어. 단감자를 받아 든 자현은 입김을 후후 불어 가며 조금씩 맛있게 베어 먹었어. 마루 끝에 앉아 다리를 까딱까딱 흔들며 두 개나 해치웠지. 이씨 부인은 어린 자현의

머리를 가만히 쓰다듬었어. 더없이 행복한 나날이었어.

하지만 담장 밖 세상은 하루가 다르게 변하고 있었어. 자현이 다섯 살 되던 해(1876년)에 강화도에서는 조선과 일본 사이에 개항을 한다는 조약을 맺었어. 그 조약으로 일본은 조선 땅에 쉽게 드나들게 되었지. 우리나라보다 일본이 이권을 챙긴 불평등 조약이었거든. 이 조약을 계기로 일본은 야금야금 조선 땅에 발을 들여놓았어.

자현의 아버지 남정한은 불안했어. 일본의 움직임이 예사롭지 않

앉거든.

"스승님, 조선을 사이에 두고 청과 일본이 앞서거니 뒤서거니 문을 열라고 다그치는 꼴이 아닙니까?"

"오랫동안 닫혔던 문을 하루아침에 열게 되었으나 조선은 정작 아무런 대비도 없는 것 아닙니까?"

제자들 말이 다 맞았어.

"조선이 먼저 마음먹고 개항을 한 게 아니라 떠밀려 했다는 게 걸립니다. 일본 제까짓 게 뭔데 나라의 문을 열어라 마라 하는 겁니까?"

남정한은 말없이 고개를 끄덕였어.

"세상이 변해 가는데 조선이라고 언제까지 문을 닫고 있어야 합니까?"

"맞습니다, 스승님! 대신 이제부터라도 정신을 바짝 차려야 합니다."

남정한은 그 또한 맞는 말이라고 생각했어. 하루 종일 남정한이 가르치는 서원에서는 제자들과 스승이 머리를 맞대고 토론하며 나라의 앞날을 걱정했지.

지친 마음으로 처소에 돌아오자 자현이 쪼르르 달려왔어. 남정한은 아이를 덥석 안아 올렸어. 이 순간만큼은 온갖 걱정거리가 사라지는 듯했어.

"자현아, 오늘은 무얼 하였는고?"

"새!"

자현이 양팔을 펼쳐 흔들어 보였어.

"새가 날아갔다고? 그걸 봤다는 거구나."

"으응."

그때 이씨 부인이 저녁상을 들고 들어왔어. 자현이 아버지 밥상 앞에 냉큼 다가와 앉았어. 남정한이 웃으며 밥을 떠 자현의 입에 넣어 주었어. 어미 새가 물어다 주는 벌레를 받아먹는 새끼 새처럼 자현은 입을 벌려 받아먹었어.

"버릇없이! 그럼 못써!"

이씨 부인이 자현을 꾸짖었어.

"뭐라 혼을 좀 내세요. 오냐오냐 마냥 받아 주면 어찌한대요?"

남정한은 웃음으로 대답했어. 어머니의 꾸지람에 뾰로통한 자현의 모습도 아버지의 눈엔 사랑스럽기만 했지. 그렇게 자현은 아버지의 사랑을 듬뿍 받으며 쑥쑥 자라 어느새 일곱 살이 되었어.

어느 날이었어. 남정한이 자현 앞에서 글자 하나를 썼어.

"자현아, 이 글자는 '가'라고 읽는다. 따라해 보거라."

자현이 글자를 들여다보더니 따라 했어.

"가!"

남정한은 한글 자음과 모음 읽는 법을 가르쳤어. 자현이 곧잘 따라 하자 쓰는 법도 가르쳐 주었지. 자현은 신통하게도 한 번 익힌 것은 잊지 않았어. 아는 글자가 차곡차곡 쌓였지. 얼마 지나지 않아 언

문한글을 낮춰 부르던 말을 읽고 쓸 줄 알게 되었어.

"안골댁, 이거 읽어 봐!"

자현이 부엌 흙바닥에 숯으로 글자를 썼어.

"하이고, 애기씨가 지를 놀리는 거지요? 지는 언문 몰라요!"

"그럼 내가 가르쳐 주면 되지. 읽어 봐. 단·감·자. 내가 좋아하는 단감자잖아, 단감자!"

점심상 차리느라 정신없는 안골댁이 건성으로 대답했어.

"아, 애기씨가 엄청 좋아하는 그 단감자를 이렇게 써요?"

"그래, 맞아! 내일 또 가르쳐 줄게. 알았지?"

"애기씨, 이제 나가 놀아요. 때가 한참 지나 부렀어요, 어여요, 어여."

자현이 언문을 자유롭게 읽게 되자 남정한은 『소학』과 『대학』까지 들이밀었어.

남편이 하는 일이라 뭐라 하지는 못했지만 이씨 부인은 내심 걱정이었어. 옷 짓고 밥하는 것은 여염집이건 사대부집이건 여자가 피할 수 없이 익혀야 할 일이라고 생각했거든. 자현도 피해 갈 수 없다고 생각했지. 바느질보다 글 읽는 것을 더 좋아하는 딸과 그걸 기특하게 여겨 한 글자라도 더 가르치려 드는 남편을 말릴 수도 거들 수도 없었어. 이씨 부인의 한숨이 늘어 가는 줄도 모르고 부녀는 공부가 즐겁기만 했어.

'아직 어리니까. 더 나이 들면 차차 살림을 가르쳐야지.'

어머니가 그런 걱정을 하는 줄 아는지 모르는지 자현은 『홍길동전』에 푹 빠져 있었어. 세책점돈을 받고 책을 빌려주는 책방에서 빌려 온 거라 다음 장날까지는 다 읽고 돌려줘야 했지. 홍길동이 분신술로 포졸들 혼을 쏙 빼는 장면은 몇 번을 다시 읽어도 신기했어.

"글이 그리 재미있어요? 그래도 잠시 이 실 좀 꿰 주고 읽으시오. 당최 눈이 아른거려서……."

안골댁이 바늘과 실을 내밀었어. 책 속에 푹 빠져 있던 자현이 얼른 실을 꿰 주고는 다시 책 속으로 빠져들었어.

"우리 애기씨는 바느질은 싫어요? 여자로 나서 바느질은 배워야 할 텐디……."

안골댁의 잔소리가 자현의 귀에 들릴 리가 없었지. 책 속에서 홍길동이 지붕 위를 붕붕 날아오르더니 멀리멀리 달아나고 있었거든. 자현도 홍길동을 따라가느라 바빴어.

# 강화도 조약과
# 우리나라의 개항

　강화도 조약은 조선이 처음으로 국제법을 통해 맺은 조약이지만 이 조약을 조선이 원했던 것은 아닙니다.

　강화도 조약을 맺기 한 해 전, 일본 군함 운요호가 강화도에 들어왔습니다. 일본은 조선을 거쳐 중국 대륙까지 진출하려는 계획을 갖고 있었던 터라, 먼저 조선에 군함 운요호를 보내 조선 정부의 동태를 살폈습니다. 당시 조선 정부는 외국에게 문호를 개방하는 것을 망설이고 있었기에 일본은 바다 깊이며 해안선을 재러 왔다고 거짓말을 했습니다. 강화도 초지진을 지키던 조선 수군은 운요호의 수상한 접근을 허락하지 않았으나 일본은 이 말을 무시했습니다. 그러자 조선 수군이 총을 쏘았는데 이를 기다렸다는 듯 운요호에서는 더 많은 총과 대포를 쏘았습니다. 그리고 일본은 일본군보다 조선 수군의 피해가 훨씬 컸음에도 불구하고 조선 정부에게 사과하라고 요구했습니다. 일본의 요구는 아주 끈질기고 위협적이었습니다. 결국 조선은 원하지도 않은 강화도 조약을 일본과 맺었고, 이로써 처음으로 외국에 문호를 열게 되었습니다.

　강화도 조약의 내용을 보면, 일본을 위해 조선의 항구 두 곳을 열고 조선에 머무는 일본인이 잘못을 해도 조선의 법을 따르지 않으며, 조약 체결 이후 추가된 내용에서는 일본인이 조선 땅에서 일본 화폐를 사용할 수 있다고 하는 등 일본에만 유리했기 때문에 불평등 조약이라고 할 수 있습니다. 더 큰 불행은 이 조약을 시작으로 일본이 조선 땅에 마음껏 들어왔고 일본에 더 유리한 조건들을 추가하고 요구했으며 끝내 조선을 일본에 병합시켰다는 것입니다.

강화도 조약 체결 모습  강화도 조약 체결 이후 조선은 미국, 영국, 러시아 등 서양 여러 나라와도 조약을 체결했다.

# 2
## 가는 것과 오는 것

"혼인을 해야 한다구요? 제가요?"

자현이 아버지에게 다시 물었어. 이씨 부인은 아무 말이 없었어. 남정한이 말을 이었어.

"영주는 아비 제자이지만 아들과도 같다. 오래전부터 네 짝으로 봐 왔다. 부인도 그리 알고 준비하시오."

이씨 부인의 생각에는 열아홉 살 나이가 혼인을 하기에 이르지도 늦지도 않았어. 이씨 부인은 남편 얼굴을 혼인하는 날 밤이 되어서야 처음 봤지. 그나마 딸은 남편이 누군지 알고 시집을 가는 거니 나아진 거라 생각했지. 김영주라면 사위 삼기에 모자람이 없었어. 걱정스럽던 마음이 조금은 위로가 되었어.

"하이고, 애기만치 조그맣더니 어느새 이리 커서 시집을 가게 되었네요! 걱정스러워서 어쩐대요?"

안골댁이 코맹맹이 소리를 내며 훌쩍거렸어.

이씨 부인은 그런 안골댁을 나무라며 말했어.

"걱정은 무슨! 어른들 잘 모시고 하라는 대로 하면 되지. 안골댁은 그런 말 마소. 우리 자현이가 어련히 알아서 잘할까. 나는 걱정 안 한다, 자현아!"

혼인날은 남정한이 정했지.

자현이 혼인하는 날은 화창했어. 마을에서는 오랜만에 열린 잔칫날이라 모두가 도왔어. 일하는 아주머니들은 뭐가 재미있는지 웃음소리가 끊이지 않았지. 국수를 삶는 가마솥에 하얀 연기가 뭉게뭉게 피어올랐어. 고소한 전 냄새가 온 동네에 번졌어.

사내아이들은 말뚝박기를 하면서 연신 입맛을 다셨어. 해가 져야 제 어미가 가져온 잔치 음식을 맛볼 거야. 기다림에 지쳐 노는 것도 시시했지.

남정한의 사랑방은 안동에서 온 손님들로 꽉 찼어. 신랑의 일가친척들도 남정한과는 오랜 인연으로 이어져 있어 낯이 익었어. 집안끼리 서로 알아 온 터라 모두 잘된 일이라고 흐뭇해했어.

"자, 이제 혼인식을 시작하겠습니다. 모두 나와 주시오!"

연지 곤지 찍고 혼례복을 입은 자현이 마당에 나와 섰어. 마주 선 신랑 품에 기러기 한 쌍이 안겨 있었어. 신랑 신부 맞절이 끝나고 술을 세 번 나눠 마시자 혼인식이 끝났어.

사람들 뒤에서 이씨 부인은 남몰래 눈물을 찍어 냈어. 남정한도

알 듯 말 듯한 표정을 지었어.

"시어른들 정성을 다해 모셔야 한다."

남정한이 절을 받으며 말했어. 이씨 부인은 아무 말이 없었지.

지난밤 서원 유생들은 스승의 딸과 혼인을 하는 영주를 가만히 두지 않았어. 한바탕 난리를 치르고서야 신랑 신부가 마주 앉아 얼굴을 볼 수 있었지. 영주는 아내가 된 자현을 따뜻하게 안아 주었어.

아침상을 물린 뒤 자현은 남편을 따라 친정집 대문을 나섰어. 안골댁이 자현의 손을 잡고 눈물 콧물을 흘려 가며 아쉬운 작별 인사를 나눈 뒤였어.

'나도 부모 곁을 떠나는구나. 이제 영주 오라버니가 내 가족이야. 잘할 수 있을까?'

자현은 앞날을 알 수 없다는 생각에 처음으로 겁이 났어.

몇 해가 흘렀어.

그사이 시아버지가 세상을 떠났어. 남편 영주는 늦게 들어오는 날이 많았어. 양반 지주들의 가혹한 수탈에 못 살겠다고 들고 일어난 동학 농민군이 난을 일으킨 뒤로 온 나라가 뒤숭숭했어. 그들 대장이 잡혔다는 날, 남편 영주는 어두운 얼굴로 말했어.

"제 나라 백성을 제 나라 관군과 남의 나라 군인 보고 죽여 달라니, 이건 제대로 된 나라가 아니오."

자현은 입이 떨어지지 않았어.

들리는 말들로 집 밖이 어수선한 줄은 알고 있었지만 남편이 이토록 절망하는 걸 보니 나라 돌아가는 상황이 심각한 것 같았어.

"일본과 청이 조선 땅에서 맘껏 활개를 치는구려. 앞으로가 더 걱정이오, 걱정."

강화도에서 불평등 조약을 맺은 후부터 일본은 조선에서 점점 더 위세를 떨쳤어. 청나라도 질세라 왕실과 조정을 편 갈라 제 편으로 만들기에 바빴어. 우금치에서 동학군은 조선 관군과 일본군에게 패한 뒤 완전히 진압되었어. 그 뒤로 조선은 여러 나라들 틈에서 하루하루 위태로운 상황을 이어 가고 있었어.

시간이 흘러 해가 바뀌어도 사정은 오히려 나빠질 뿐이었어. 어디 하나 건드리기만 하면 크게 터질 것처럼 아슬아슬한 상황이었지.

시작은 단발령이었어. 일본에 의해 세워진 내각이 고종의 명령을 받아 발표한 정책으로 고종과 세자가 먼저 머리를 깎았어.

유림유학을 믿고 따르는 무리들은 받아들일 수 없었어. 터럭 하나라도 부모에게 받은 것을 상하게 하는 건 불효라고 생각했거든. 단발령에 항의하는 집단들이 여기저기서 들고일어났어. 그러잖아도 몇 달 전 일본 암살대가 궁에 들어가 명성황후를 시해한 일로 사람들 마음이 부글부글 끓고 있었거든.

소식은 삽시간에 전국으로 번졌어. 안동, 영양 일대 유림과 유생들도 붓 대신 낫과 창을 들었어. 남정한이 가르치는 서원 유생들도 의병이 되는 걸 주저하지 않았어. 김영주가 앞장을 섰지.

"김도현 의병장이 홍구동에서 거사를 치른다 합니다."

"스승님, 다른 유생들과 함께 힘을 보태겠습니다."

남정한은 사위와 제자들을 막을 수 없다는 걸 잘 알았어. 이럴 때를 대비해서 서원에서는 오랜 시간 동안 유생들에게 무술 훈련도 시켜 왔어.

"몸조심하라는 말은 못 한다. 충은 목숨에 앞서는 것이니 너희들이 공부한 뜻을 잘 헤아려라."

자현은 의병에 나서는 남편을 위해 옷을 정성껏 매만져 주는 것으로 몸조심하라는 말을 대신했어.

'이 사람은 군인도 아니고 평생 글만 읽어 온 사람이다. 어째서 이

런 사람이 목숨을 건 싸움을 해야 하나.'

자현은 하고 싶은 말을 속으로 삼키며 남편을 배웅했어.

무척이나 겁이 났지. 무슨 일이 생길 것만 같았어. 부디 무사히 돌아오기만을 빌 뿐이었어. 시어머니에게는 이 일에 대해 아무 말도 하지 않았어.

기다리는 시간은 몹시 길었어. 바깥소식을 들을 수 없으니 답답하기만 했지. 나가서 일이 어떻게 되어 가는지 직접 보고 싶었지만 그럴 수도 없고 말이야. 하루 종일 물 한 모금 넘길 수 없을 만큼 초조했어. 자꾸 불길한 생각만 들었지. 괜히 빨래에 걸레질에 정신없이 집안일만 더 했어.

하지만 그날 끝내 남편은 돌아오지 않았어. 평생 가장 길고 긴 하루였지.

다음 날, 남편은 죽어서 집에 돌아왔어.

지난 몇 해 동안 수많은 죽음이 이 땅을 스쳐 갔어. 나라는 안팎으로 위태롭기만 했어. 여기저기서 못 살겠다는 비명이 터져 나왔지. 나라가 힘이 없으니 괴로운 건 백성들이었어. 농사짓던 사람들은 낫과 곡괭이를 들었어. 공부하던 유생들은 책을 덮고 총을 들었어. 아까운 목숨들이 바람 앞에 촛불 꺼지듯 사라져 갔어. 자현의 남편도 그 한 사람이 되어 사라졌어.

"아이고, 아이고, 영주야! 영주야, 눈을 떠 봐라, 눈을!"

시어머니는 하나뿐인 아들을 잃자 울부짖으며 슬퍼했어.

 몸이 싸늘하게 식어 돌아온 남편은 온통 피투성이였어. 옷은 여기저기 찢겨 있었어. 하지만 얼굴만은 평화로웠어. 마치 깊은 잠에 빠진 사람 같았지. 온몸이 찢기고 피투성이가 되었는데도 말이야. 충격을 받은 자현은 쓰러지지 않으려고 안간힘을 썼어.
 의병과 싸운 조선 관군과 일본군은 신식 총으로 무장을 하고 잘

훈련된 군인이었어. 글만 읽던 유생들이 총을 들었다고 해도 어린아이와 어른의 싸움처럼 허무하게 끝날 수밖에 없었어. 의병은 무기조차 낡고 형편없었지.

적의 신식 총구 앞에서 남편이 들었을 허름한 무기들이 떠올라 자현은 몸서리를 쳤어. 그런데 그거라도 준비하려고 아버지와 서원 유생들은 고생이 이만저만이 아니었어.

'총알이 몸에 박혔을 때 얼마나 고통스러웠을까!'

나뭇가지에 생채기가 나고 돌부리에 걸려 넘어져도 아픈 줄도 몰랐을 거야. 자현은 망가지고 상한 남편의 몸을 하염없이 쓰다듬고 쓰다듬었어.

"자현아! 영주는 아비가 아끼던 제자였단다. 듬직한 사위였어. 남들은 이길 수 없는 싸움이라고 했다마는 나라가 풍전등화 같은데 백성 된 자로서 가만있을 수가 없었구나!"

남정한은 제자들의 죽음을 지켜봐야만 했어. 자식 같은 제

자들이 다치고 쓰러져 가는 걸 몹시 가슴 아파 했지. 남정한은 틈틈이 무기를 모으고 제자들을 훈련시켜 왔지만 일본군과 싸우면 싸울수록 힘의 차이만 실감할 뿐이었지. 그렇다고 그만둘 수 없는 싸움이었어.

  남정한은 제자들을 잃은 슬픔을 끝내 이기지 못하고 눈을 감고 말았어. 자현은 남편과 아버지를 동시에 잃게 된 거야. 견디기 힘들 만큼 고통스러웠지. 하지만 이건 자현의 앞에 벌어질 긴 고통의 시작이었어.

## 단발령과 의병 운동

　단발령은 성인 남자의 상투를 자르고 서양식 머리를 하라는 고종의 명령입니다. 고종 32년인 1895년 12월 30일(음력 11월 15일)에 공표했는데, 이듬해 1월 1일부터 음력 대신 양력을 쓰기로 하고 단발령을 전국으로 확대하기로 했습니다.

　단발령을 내리게 된 배경은 강화도 조약 이후에 서양 선교사들이 많이 들어오면서 서양 문물이 전해졌고, 조선의 생활 방식도 조금씩 서양식으로 변했기 때문입니다.

　단발령을 내린 이유는 간단합니다. 위생과 청결에 좋고 머리 감기에 편하다는 것이었습니다. 칙령을 발표하던 날 고종과 세자는 솔선수범해서 머리를 깎았습니다. 그러나 당시 사람들은 '사람의 신체와 터럭, 살갗은 모두 부모에게서 물려받았으므로 함부로 훼손하면 효에 크게 어긋난다.'고 생각했습니다. 당연히 유학자들과 민중들은 크게 반발했습니다. 게다가 오랫동안 써 왔던 음력을 폐지하고 단발령을 내린 것은 당시 조선 내각에 영향을 미치던 일본 때문이라고 생각했기에 단발령에 대한 거부감은 일본과 개화를 반대하는 감정으로 확산되었습니다. 더구나 일본은 두어 달 전에 명성황후를 시해한 사건의 범인으로 지목되어 조선 사람들의 분노를 사고 있었습니다.

　백성들은 결국 의병을 일으켜서 단발령 정책에 맞섰습니다. 1895년

강원도와 충청도에서 시작된 의병 운동은 경상도와 전라도로 퍼졌는데 이것을 '을미의병'이라고 합니다.

의병 운동과 많은 백성들의 반대로 단발령은 1897년에 폐지되었지만 1900년 이후 다시 부활했습니다. 이때도 백성들의 반대가 만만치 않아 1930년대까지 단발령을 거부하는 사람들이 있었다고 합니다. 1920년대부터는 여성 단발도 시작되었는데, 주로 신식 교육을 받은 여성들부터 머리 모양을 바꾸었다고 합니다.

총을 든 의병  단발령은 일본과 개화를 반대하는 감정으로 확산되어 결국 의병 운동이 일어나는 계기가 되었다.

# 3
## 또 하나의 기다림

'시간이 지나면 괜찮아질까? 이 나라 조선은 다시 일어날까? 난리는 이제 없을까?'

자현은 배부르게 젖을 빨아 먹고는 곤히 잠든 아들 성삼을 들여다보았어. 아기는 입을 오므리고 젖 빠는 시늉을 했어.

"아이가 배냇짓을 하는구나."

시어머니가 손자를 들여다보며 말했어. 아이는 그 말을 알아듣기라도 한 듯 방긋 웃었어.

"그러네요."

자현은 가만히 아들을 내려다보며 말했어.

손자를 예뻐하던 표정도 잠시, 시어머니는 방금 자신이 한 말을 기억하지 못하는 것처럼 무표정하게 앉아 있었어. 요즘 들어 자주 있는 일이었지. 자현의 시어머니는 아들을 잃고 나서 정신을 놓고 말았어. 가끔 제정신이 돌아오기는 했지만 정신을 놓고 있는 시간이 점점 길어졌지. 시아버지가 세상을 떠났을 때에도 굳건하던 시어머니였어. 하지만 아들을 잃은 건 달랐던 거야.

아이를 낳고 나니 자현도 시어머니의 마음을 이해할 수 있었어. 성삼이 없었다면……. 상상조차 할 수 없었어.

자현은 아들 얼굴을 뚫어지게 바라보았어. 이마를 잔뜩 찡그린 성삼의 얼굴에서 남편의 얼굴이 겹쳐 보였어. 어린 단풍잎 같은 손을 잡고 마음을 다잡았지.

'이제 나만 남았구나!'

어린 아들과 늙은 시어머니를 생각하면서 자현은 자신이 더 정신을 차려야겠다고 생각했어. 남편이 못다 한 효도를 대신해 시어머니를 정성껏 모셔야겠다고 마음먹었어.

그러는 사이 의병과 일본군 사이의 전투는 일단락되었지만 일본군은 자기 나라로 물러나지 않았어. 조선에서 세력을 늘리며 점점 더 기세등등했지.

일본 경찰은 자현을 가만두지 않았어. 남편 김영주가 의병이었다는 건 그 지역에서 모르는 사람이 없었지. 의병은 진압되었지만 일본 경찰들은 경계를 늦추지 않고 의병 가족들을 감시했어. 걸핏하면 집으로 들이닥쳐 방 곳곳을 헤집으며 못살게 굴었지.

집 밖으로 자유롭게 다니기도 힘들었어. 어딘가 다녀오면 일본 경찰이 불러 어디에 다녀왔는지 누구를 만나 무슨 이야기를 했는지

수시로 조사했어.

 일본 경찰은 한시도 떨어지지 않고 자현의 주위를 맴돌았어. 교회에 가면 교회에 따라갔고 밭에 가면 먼발치에서 지켜봤어. 누군가가 계속 지켜보고 감시하고 있다고 생각하니 자현은 수치심까지 들었어. 하지만 시간이 흐르자 그것도 익숙해졌지. 어쩌다 안 보이면 궁금할 정도였어. 자현은 속으로 피식 웃음이 났어.

자현은 씩씩하게 자라는 성삼을 보면서 자신이 의병 부인이었다는 사실을 잊지 않으려고 노력했지. 그러나 당장 여자 혼자 벌어 식구들이 먹고사는 일은 만만치 않았어. 할 수 있는 일이라고는 바느질감을 얻어다 일을 해 주고 먹을 것을 얻는 것뿐이었어.

의병 집이라고 마을 사람들이 나서서 도와주는 일도 없었어. 오히려 가까이하는 걸 꺼렸지. 일본 경찰이 감시하는 집에 사는 사람과 대놓고 친하게 지낼 수는 없었어. 그랬다가는 일본 경찰의 표적이 되기 쉬웠지. 그저 남모르게 땔감을 가져다주는 것으로 도울 뿐이었어. 자현은 그런 마을 사람들을 원망하지 않았어. 오히려 억척스레 살림을 꾸려 나갔지.

그러던 중 마을에 교회가 생겼어. 교회는 자현이 마음을 의지할 수 있는 곳이 되었어. 하루 종일 길쌈에 농사일까지 하고 나면 몸과 마음이 지칠 대로 지쳤어. 교회에 가서 잠시 성경을 읽는 시간이 자현에게는 유일한 휴식 시간이었지. 아무리 몸이 고단해도 어린 성삼을 업고 교회에 갔어. 그럴 때면 성삼은 엄마 등에 업혀 잠이 들기 일쑤였지.

교회에 가는 이유 중 또 하나는 세상 이야기를 들을 수 있었기 때문이야. 한성서울의 옛 이름을 오가는 선교사들이 세상 돌아가는 이야기를 들려주었거든. 기도를 하며 마음의 위안만 얻은 게 아니라 바깥세상에 눈을 뜨게 해 준 거야. 경상도 너머에 있는 세상은 빠르게 변하고 있는 것 같았어.

자현은 짬을 내어 책을 읽는 순간이 너무나 행복했어. 어린 시절 읽던 이야기책은 아니었지만 성경은 그 어떤 이야기책보다 재미있었지. 묵상 기도소리를 내지 않고 마음속으로 하는 기도를 하며 남편과 속으로 대화를 하는 시간도 소중했어. 그럴 때면 성삼이 걸음마를 한 이야기며 남편이 세상을 떠난 날을 잊지 않고 살겠다는 다짐들을 하곤 했지.

그러는 동안 사람들의 가슴을 먹먹하게 하는 소식이 연이어 날아들었어. 고종은 1897년에 조선이라는 이름 대신 나라 이름을 대한 제국으로 바꿨지. 그러나 고종은 대한 제국을 지키지 못하고 국권을 일본에게 넘기고 말았어. 1910년 8월, 일본이 강제로 한일 병합 조약을 맺었단다.

자현은 그 소식을 듣자마자 마른하늘에서 날벼락이 떨어지는 것 같았어. 실감이 나지 않는다며 헛소문이라고 넘기는 사람도 있었어. 자현도 믿고 싶지 않았지만 사실이었지. 들리는 소문에 의하면 정부 관리들 중에서 친일 관료들이 나서서 일본이 우리나라를 지배하는 걸 지지했다는 거야.

자현은 아버지를 떠올렸어. 아버지가 살아 있을 때 그토록 걱정하던 일이 터져 버린 거야.

'아버지가 목숨을 걸고 막으려 했던 일인데 결국 이렇게 되어 버렸습니다. 이렇게 허망하게 되어 버리면 안 되잖아요. 이럴 수는 없잖아요, 아버지!'

그날 자현은 장롱 깊숙이 넣어 두었던 옷을 꺼냈어. 남편이 죽는 순간 입고 있던 옷이었어. 세월이 흐르는 동안 핏자국이 먹빛으로 변했어. 자현은 그 핏자국을 어루만졌어. 얼룩처럼 변했지만 그날의 붉은 핏빛이 또렷하게 떠올랐어. 자현은 억울하고 분해서 견딜 수가 없었어.

그해 겨울에 접어들어 자현에게 또 하나 놀라운 소식이 날아들었어. 안동에 사는 석주 이상룡독립운동가이자 대한민국 임시 정부 초대 국무령을 지냈다. 어른이 가족을 모두 데리고 만주로 떠났다는 거였어. 자현의 남편 김영주와 한집안 사람이자 안동에서 협동학교 교감을 하고 있던 김동삼도 곧 떠날 예정이었어.

지난여름 한일 병합이 이루어진 뒤 많은 사람이 치욕스러워하며 나라를 떠났다는 건 자현도 알고 있었어. 나라의 앞날을 걱정하며 맞섰던 사람들일수록 일본이 지배하는 이 땅에서는 살 수 없었지. 독립을 위해 일하려고 만주 등으로 떠난 사람도 많았어.

그 무렵 동네 사람들은 모이기만 하면 수군거렸어.
"요새 만주로 가는 게 살길이라고 합디다."
"안동 사람 절반은 만주로 갔다 하대요."
빨래터에 아낙들이 모이면 하루가 멀다 하고 만주 이야기를 했어. 일본 경찰 때문에 사람들이 더 살기 어려워졌다는 이야기였지. 만주로 가면 허허벌판이라 누구나 농사를 지을 수 있다고 이야기하는 사람도 있었어. 고향을 떠나서는 고생만 할 거라고 말하는 사람도 있었어.

그렇게 수다를 떠는 사이 빨랫감은 줄어들었으나 고민과 한숨은 늘어 갔어. 아낙들은 찬물에 빨래를 하다 한쪽에 피워 놓은 모닥불에 시린 손을 녹였어. 자현은 아낙들의 이야기를 들으며 생각에 빠져 손이 시린 줄도 몰랐어.

'김동삼 선생까지 떠난다니 안동이 텅 비겠구나.'

찬 바람보다, 시린 물보다, 아무도 없다는 생각에 몸이 떨렸어.

빨래를 다 한 사람들이 하나둘 빨래터를 떠났어. 홀로 남은 자현은 흐르는 물을 말없이 바라봤어. 물은 한순간도 멈추지 않고 흘러갔어. 물결 위로 그리운 얼굴들이 떠올랐다 사라졌어.

지난 몇 년 사이 소중한 사람들이 자현의 곁을 떠나갔어. 고향에 남은 사람은 아들 성삼과 시어머니뿐이었어.

성삼은 해가 꼴딱 넘어갈 때까지 들로 산으로 뛰어다니며 놀았어. 자현은 성삼이 기죽지 않고 씩씩하게 자라는 것만으로 만족했어. 시어머니는 이제 거의 늘 정신이 온전하지 않았어.

'당장 떠나고 싶어도 떠날 수가 없구나!'

아픈 시어머니와 어린 아들을 데리고 당장 떠나긴 힘들었지만 마음속으로는 지금과 다른 앞날을 생각해 보기도 했어.

그러던 어느 날, 깊은 밤이었어. 호롱불이 문틈으로 들어온 바람을 맞고 꺼질 듯 흔들렸지. 자현의 시어머니는 사흘째 아무것도 먹지 못했어. 시어머니의 건강이 위태롭다고 생각한 자현은 불길한 마음이 들었어. 그래서 꼼짝하지 않고 시어머니 곁을 지키기로 했지.

잠시 졸음을 이기지 못하고 고개를 떨궜어. 그때 시어머니가 자현을 불렀어. 시어머니는 숨이 끊어질 듯 가늘고 짧았어.

"에……미야, 영주 곁으로 갈……. 성삼이 잘……. 후우."

시어머니는 고통스럽게 내뱉은 숨을 다시 거둬들이지 못했어.

눈물을 머금은 시어머니의 눈빛에서 고마워하는 마음을 느꼈어. 아들을 잃고 죽지 못해 살았던 시어머니를 생각하니 자현도 마음이 아팠어. 그래서 3년 동안 아들 성삼과 함께 정성을 다해 제사를 올렸지.

삼년상을 마친 뒤 자현은 성삼을 데리고 친정으로 돌아왔어. 아버지가 없는 친정도 시댁처럼 텅 빈 느낌이었어. 친정으로 돌아왔어도 식구를 먹여 살리는 일은 자현이 해야 할 일이었어.

자현은 동네를 둘러봤어. 농사만 짓고서는 먹고살기 힘들다는 것을 잘 알고 있었어. 돈이 되는 일이 필요했어.

'돈이 있어야 뭐든 할 수 있어, 돈을 벌어야 해.'

그때 눈에 띈 것이 뽕나무였어. 뽕나무는 여기저기 흔했지.

뽕나무를 보자 새까만 오디를 따 먹던 어린 시절이 떠올랐어. 그날 자현은 친구들과 오디를 따러 갔다가 책을 보고 있는 아버지를 발견했어. 골탕을 먹일 생각에 살금살금 아버지 뒤로 가서 "아버지!" 하고 냅다 소리 질렀어. 오디 때문에 물든 보랏빛 혀를 쑥 내밀면서 말이야. 깜짝 놀라는 아버지의 모습에 한바탕 웃고 말았지.

옛 추억으로 마음이 따뜻해지던 찰나 명주실이 생각났어. 뽕나무 잎을 먹여 기른 누에에서 뽑아 낸 명주실이 값비싸게 팔리고 있었

거든. 마을에서 흔한 뽕나무를 이용해 돈을 벌 수 있는 좋은 방법이었던 거야.

자현은 누에를 기르는 양잠을 시작했어. 낮밤으로 손을 놀렸어. 질 좋은 명주를 대구에 직접 내다 팔았어. 마침 그 무렵 일본에서도 우리 뽕나무에 관심을 보였어. 뽕나무가 자라기 좋은 환경이라는 것을 알게 된 거지. 일본도 양잠 사업을 적극 지원했어. 덕분에 자현은 양잠으로 제법 돈을 벌 수 있었어.

이제 그 돈으로 할 일을 생각해야 했어. 그때 아버지와 나누던 대화가 생각이 났지.

한평생 제자들을 가르치던 아버지였어. 여자아이라고 차별하지 않고 가르쳐야 한다고 말씀하셨지. 그런 아버지를 자현은 늘 존경했어.

자현이 열 살이 넘어갈 무렵부터는 자주 아버지와 마주 앉아 세상 돌아가는 이야기를 했지. 어느 날인가 아버지는 이렇게 말씀하셨어.

"친일이니 친청이니 하는 말을 들어 보았느냐. 힘없는 나라다 보니 힘 있는 나라에 기대려고 하는 게다. 나라가 홀로 설 힘이 없으면 주변에서 서로 차지하려고 노린단다. 그래서 우리나라가 지금 위태로운 거다. 힘을 길러야 한다. 누가 내 편을 들어 주겠다고 하면 그건 숨은 욕심이 있는 거다. 그러니 누구에게 기댈 생각 말고 혼자 서야 하는 것이다."

어린 자현의 마음에 새겨진 말이었어. 답답하고 힘들 때마다 아버지와 나눈 이야기를 떠올리곤 했지. 의병을 하다 죽은 남편의 피 묻은 옷도 떠올렸어. 자현은 아버지의 가르침에 따라 자신이 할 수 있는 일을 찾기로 했어.

자현이 가족들을 챙기며 일에 몰두하는 동안에도 나라 곳곳에서 독립운동은 계속되었어. 일본에게 나라를 빼앗겼지만 나라 안팎에서 빼앗긴 나라를 되찾자는 목소리가 점점 커져 갔지.

1919년 1월 고종 황제가 세상을 뜨고 나서 나라가 더욱 들썩이고 있었어. 일본에 의해 독살된 게 아니냐는 소문까지 퍼졌지. 자현도 그 소문을 들어 알고 있었어.

친정에 와서도 자현은 교회를 다니며 경성한일 병합 후 바뀐 서울의 옛 이름 소식을 들을 수 있었어.

"봄을 넘기지 않고 경성에서 큰일이 벌어질 거라고 합니다."

오가는 이야기를 듣고는 자현은 자석에 이끌리듯 마음을 정했어.

'경성에 가야겠다!'

자현은 곧 채비를 해 남대문역이 시기에 지금의 서울역은 남대문역으로 부르고 있었다.으로 가는 기차를 탔어.

# 4
## 그날의 함성

 듣던 대로 경성은 심상치 않은 분위기로 술렁거리고 있었어. 사람들이 모이는 곳에서는 언제 어디서 만세 운동을 한다는 이야기가 은밀하게 오고 갔어.
 자현은 처음엔 뭘 해야 할지 몰라 난감했어. 하지만 곧 정신을 차리고 보니 할 수 있는 일은 많았어. 그날이 되면 "대한 독립 만세."라고 목청껏 외치는 일도 그중 하나였어.
 3월 1일이 되었어.
 탑골 공원에는 이른 아침부터 하나둘 사람들이 모여들기 시작했어. 대부분 학생들이었지만 어른들도 늘어 갔어. 확신과 결의에 찬 사람도 있었고 겁을 먹은 사람도 있었어. 앞으로 어떤 일이 일어날지 몰라 불안해하는 사람도 있었지. 자현이 사람들을 살피는 동안 거리를 꽉 메울 만큼 사람들이 늘어났어.

오후 2시가 되자 팔각정에 한 청년이 나타났어. 모여 선 사람들을 향해 있는 힘껏 외쳤지.

"독립선언문! 우리는 조선이 독립국임과 조선인이 자주민임을 선언하노라! 대한 독립 만세!"

청년의 말이 끝나자 손에 작은 태극기를 든 사람들이 따라 외쳤어.

"대한 독립 만세!"

"대한 독립 만세!"

"일본은 물러가라, 우리 땅에서 떠나라!!"

만세 운동은 한번 봇물이 터지자 걷잡을 수 없었어. 만세 시위대는 거대한 물줄기를 이루고 행진을 시작했어. 탑골 공원에서 출발해 대한문까지 이르렀을 땐 사람들 수를 헤아릴 수 없을 지경이었어. 때마침 고종의 죽음에 조의를 표하기 위해 모인 행렬과 합세했어.

시위대는 충정로, 종로, 광화문 쪽으로 방향을 정해 평화 행진을 이어갔어. 경성의 모든 거리에 사람들이 흘러넘쳤어. 작은 물길이 합쳐져 강줄기가 되고 마침내 거대한 바다가 되는 것처럼 경성은 독립의 바다였어. 사람들이 내지르는 함성이 거대한 파도가 되어 출렁거렸어. 온통 새하얀 파도가 거리를 가득 채우며 몰아쳤어.

일본 경찰은 당황했어. 이토록 많은 사람들이 한꺼번에 거리로 쏟아질 줄 몰랐거든. 사람들 손에는 달랑 태극기 하나, 독립 선언서 한 장이 전부였어. 오히려 그 모습이 일본 경찰은 더 두려웠어.

"탕! 탕! 탕!"

일본군이 총을 쏘았어. 총소리에 만세 시위대는 잠시 멈췄어.

"비겁한 놈들아! 우린 무기가 없다!"

"탕!"

한 사람이 총에 맞아 푹 쓰러졌어. 그 사람을 일으켜 세우려고 하는 사람에게 또 한 발, 또, 또……

"저놈들이 총을 쐈다! 무장하지 않은 우리에게 총을 쐈다! 여러분! 물러나면 안 됩니다. 모두 소리 높여 외칩시다!"

그 소리에 사람들이 더 크게 외쳤어. 두 팔을 하늘로 들어 올리며 외치고 또 외쳤어.

"대한 독립 만세!!"

"대한 독립 만세!!"

이제 일본군은 머뭇거리지 않고 총을 쐈어. 기마 부대까지 가세한 일본군의 진압은 무자비하고 격렬했어. 만세 시위대도 뜨겁게 맞섰어. 자정이 넘을 때까지 만세 시위가 이어졌어. 그동안 억눌린 감정이 폭발하듯 터져 나왔어. 할 수 있다는 생각이 사람들에게 힘을 주었지. 많은 사람이 죽고 다쳤지만 이대로 일본에게 굴복하지 않겠다는 마음이 퍼져 나가게 된 거야. 눈물을 흘리는 할아버지부터 얼굴이 벌겋게 달아오른 청년들, 치마를 펄럭이며 나온 여학생들과 아낙들까지 모두 앞으로 나아갔어.

자현 역시 목이 터져라 만세를 외쳤지. 이렇게 많은 사람들이 하나의 뜻으로 뭉쳐 움직일 수 있다는 사실에 놀랐어. 모두 그토록 독립을 원하고 있었다는 생각에 가슴이 뭉클했어.

그날 숙소로 돌아오면서 자현은 오래전에 죽은 남편 김영주를 떠올렸어.

'당신이 죽을 땐 외로웠으나 지금 세상은 그때와는 다르더군요. 사람들이 한마음으로 독립을 원하더이다. 장하고 장한 사람들 아닙니까?'

종일 뛰어다닌 탓에 몸은 힘들었으나 자현은 아주 오랜만에 깊은 잠에 빠질 수 있었어.

이른 아침 저절로 눈이 뜨인 자현은 거리로 나가 보았어. 아직 어둠이 다 가시지 않은 거리에서 뭔지 모를 불안감에 몸이 떨려 왔지.

날이 밝자 조선 총독부는 경찰을 동원해 만세 운동을 주도한 사람들을 잡아갔어. 하루 만에 무려 1만여 명이 체포될 정도였어.

자현이 머물던 숙소도 안전하지 않았어. 아무래도 떠나야 할 때가 된 것 같았어. 낯선 사람이 있다는 소문이 나면 집주인도 곤욕을 치르게 될 테니까. 자현은 서둘러 아들 성삼에게 전보를 쳤어.

자현은 언제든 만주로 떠날 채비를 해 뒀어. 얼마 되지 않은 재산도 모두 처분했어. 며칠 뒤, 남대문역에서 자현은 아들 성삼을 만났어. 성삼은 이미 스물네 살 청년이 되어 있었지. 어른이 될수록 남편을 쏙 빼닮아 갔어. 남편이 피 묻은 주검으로 돌아온 날, 그때 뱃속에 있었던 아들은 틀림없이 어머니를 통해 아버지를 느꼈을 거야. 다 큰 아들을 바라보며 자현은 오랫동안 마음에 품고 있었던 이야기를 꺼내 놓았어.

"성삼아! 너도 이제 다 컸으니 이야기하마. 이 어미는 곧 만주로 갈 생각이다. 너도 함께 갔으면 한다."

아들은 이미 알고 있었다는 듯 말이 없었어. 아직 일본의 손길이 미치지 않은 만주를 향해 많은 사람들이 이주했다는 걸 알고 있었거든.

독립운동을 하던 이들은 만주로 무대를 옮겨 무장 투쟁을 이어 가고 있었어. 만주로 향하는 어머니 마음을 성삼은 막을 수 없었어. 어머니가 이날을 손꼽아 기다렸다는 걸 알고 있었으니 말이야.

자현과 성삼은 신의주로 가는 기차에 몸을 실었어. 모자는 장사꾼으로 꾸몄어.

'내 나이도 벌써 마흔여덟이구나. 반드시 빼앗긴 나라를 되찾아야 한다. 만세 운동으로 우리도 할 수 있다는 걸 알았으니, 이제 내가 아버지와 남편의 뒤를 이을 차례야. 아들에게 이 나라를 되찾아 주어야지.'

자현은 아들의 손을 꽉 잡았어. 성삼도 어머니와 맞잡은 손에 힘을 주었어.

잠깐이지만 아들의 앞날이 걱정되어 무섭기도 했어. 그럴 땐 기도를 하며 마음을 달랬지.

"하느님, 우리 모자를 굽어살펴 주세요."

그리고 또 한 사람을 가만히 불러 보았어.

'여보, 나를 지켜봐 줘요. 나와 성삼이를 지켜 줘야 합니다.'

자현은 짐 보따리를 힘주어 부둥켜안았어.

기차는 쉬지 않고 신의주를 향해 달렸어. 흔들리는 기차 안에서 자현도 흔들렸고 성삼도 흔들렸어. 그날 기차는 조선 의병 김영주의 피 묻은 옷도 함께 싣고 있었어.

# 한일 병합 조약과 3·1 운동

　한일 병합 조약은 1910년 8월 22일 일본의 일방적인 위력에 의해 이루어진 합병 조약입니다. 이 조약으로 대한 제국은 일본 제국(일제)의 식민지가 되었습니다. 식민지가 된다는 것은 국권을 빼앗긴다는 것이고, 국권을 빼앗긴 나라의 백성은 태어나 자란 곳에서 마음대로 살 수 없다는 뜻입니다. 그래서 이 조약을 두고 국권 피탈, 경술국치 등으로 부릅니다.

　대한 제국이 국권을 빼앗기는 치욕을 당한 것은 일제의 치밀한 계획이 있었고 이것을 대한 제국의 친일 인물들이 협조했기 때문에 가능했습니다. 일제는 1905년 대한 제국과 강제로 을사조약을 맺어 대한 제국의 외교권을 빼앗았고, 이후 사법권과 경찰권마저 빼앗았습니다. 그런 다음 1910년 대한 제국의 국권을 강탈하고 조선 총독부를 설치해 우리 민족을 강압적으로 통치했습니다. 조선 총독부는 일제가 한반도에 대한 통치를 위해 운영하던 일본 천황의 직속 기관이었습니다.

　한일 병합 조약 직후 황현, 한규설, 이상설 등 일부 지식인과 관료는 우리나라 국권 강탈에 극렬히 반대해 스스로 목숨을 끊거나 독립운동에 참여했습니다. 백성들 사이에서도 의병 운동 등 독립운동에 참여해 나라를 되찾고자 하는 움직임이 널리 퍼졌습니다.

　일제의 강압 통치에 맞서 우리 민족은 여러 독립운동을 벌였습니다.

1919년 만주에서는 해외에서 활동하던 독립운동가 39명이 참여해 독립 선언서를 발표했습니다. 이 소식이 일본 유학생들에게 알려져 그들을 중심으로 2·8 만세 운동이 일어났습니다. 이어 우리나라에서도 전국적으로 만세 운동이 벌어졌는데, 이것이 바로 3·1 운동입니다.

　1919년 3월 1일 민족 대표 33인이 종로 태화관에 모여 우리나라가 독립국임을 선언했고, 태화관에서 300미터 떨어진 탑골 공원에는 학생들이 모였고 팔각정에서 독립 선언서를 읽었습니다. 이때 경성과 지방에서 몰려든 사람들까지 수십만 군중을 이뤘으며 이들은 공원 밖으로 나가 행진했습니다.

　3·1 운동은 신분, 계급, 지역, 성별을 넘어 전국에서 벌어졌고, 이 운동으로 우리 땅의 주인은 한국인이며 우리 힘으로 독립을 쟁취할 수 있다는 자신감을 갖게 되었습니다. 또한 국제 사회에 대한제국을 알리는 계기가 되었으며 중국 상하이에 대한민국 임시 정부도 탄생하게 되었습니다.

3·1 운동에 참여한 사람들 탑골 공원 팔각정에서 독립 선언서를 읽은 뒤 사람들은 남대문과 대한문을 향해 행진했다.

# 5
# 만주 가는 길

"나라가 이 지경인데도 여자라고 가만있을 순 없어요. 우리도 독립을 위해 작은 일이라도 할 수 있다는 생각을 잊지 맙시다!"

만주에 도착해서 한 모임에 참여한 자현은 짧게 인사말을 마치고 주위를 둘러봤어. 몇몇 여성들은 자현과 눈을 맞췄어. 자현도 고개를 끄덕이며 그들과 마음을 나눴어.

'이 사람들 또한 먹고살기 위해 만주로 넘어왔어. 하지만 고향 땅을 잊은 적은 없을 거야. 내가 그렇듯이 이들도 언젠가는 고향으로 돌아갈 거라고 생각하고 있겠지. 하지만 그냥 가만히 있어서는 안 돼. 무슨 일이라도 해야 해.'

자현은 다시 한 번 힘주어 말했어.

"여자들도 배워야 해요. 우리나라가 지금 어떤 처지에 놓여 있는지, 일본 놈들이 어떻게 우리 땅을 제 것으로 만들었는지, 여기 만주도 언젠가는 그놈들이 욕심을 낼 거라는 걸 알아야 해요. 우리가 여자 교육회를 만든 이유는 그거예요. 그걸 우리 자식들한테도 가르쳐야 해요. 우리, 알고 깨달읍시다."

누군가 박수를 치자 옆에서 따라 박수를 쳤어. 까무룩 졸던 여자가 어색하게 손뼉을 치는 모습도 보았어. 자현은 그 모습에 마음이 아팠어. 낯선 땅에서 사는 게 얼마나 고달픈지 알고 있었거든. 여성들은 더 힘들었지. 낯설고 척박했지만 꿋꿋하게 아이들을 키우며 집안일도 해내고 먹고살기 위해 남자 못지않게 일해야만 했어.

자현은 만주로 오던 길이 떠올랐어. 자현도 만주로 오기까지 여러 일을 겪었거든.

남대문역에서 출발한 기차는 신의주역에다 두 사람을 내려놓았어. 역사를 빠져나오자 장대비가 쏟아지고 있었어. 자현은 크게 숨을 몰아쉬었어.

"오늘은 여기서 묵어야겠구나."

눈에 보이는 대로 여관을 찾아갔어. 다행히 우리나라 사람이 주인이어서 마음이 놓였단다. 주인 여자는 친절했어.

"어디 불편한 데 없어요?"

보아하니 방마다 찾아다니며 묻는 눈치였어. 마음이 풀어지자 졸음이 쏟아졌어.

날이 밝자 비는 그쳤어. 비 그친 하늘을 본 자현은 저절로 탄성이

나왔어. 구름 한 점 없는 하늘이 눈부시게 푸르렀어. 마음에 낀 때와 걱정이 다 사라지는 것 같았어.

자현은 주인 여자에게 만주 가는 길을 물었어.

"바람이 좋으니 배를 타요. 길이 머니 가면서 먹을 음식도 준비해야 해요."

자현은 시장을 돌며 말린 육포와 소금을 샀어. 하루를 더 묵은 후 압록강을 거슬러 오르는 배를 탔어.

배가 바람을 타고 잘 나아갔어. 자현은 멀어지는 신의주 땅을 보았어.

'되돌아올 수 있을까?'
성삼은 아무 말 없이 압록강 물을 들여다봤어.

배에는 만주로 가는 사람들이 많았어. 아이들은 뱃멀미를 했어. 뱃멀미가 없는 아이들은 뱃전에 나와 놀기도 했지. 아이들 웃음소리를 들으니 마음이 푸근해졌어.

점심때가 되자 배는 수심이 얕은 곳에 닻을 내렸어. 엄마들은 배 안에 있는 부엌에서 점심을 지었어. 아이들은 잠깐이나마 배에서 내려 백사장에서 놀았지. 그 모습은 마치 나들이를 나온 것처럼 보였어. 자현은 행낭에서

주먹밥을 꺼냈어. 성삼에게 밥을 건네고 소금을 내밀었어. 아이들이 노는 걸 바라보던 성삼이 집 떠난 후 처음으로 웃었어.

점심을 먹으며 잠시 쉬다가 다시 배가 출발했어. 강기슭엔 진달래가 한창이었어. 잠시 걱정을 내려놓고 꽃구경을 했어. 진달래는 고향 집 뒷산에도 흔한 꽃이었어. 자현은 코끝이 찡했어.

'이 먼 땅에도 똑같은 꽃이 피고 지는구나.'

배는 평안도와 중국 사이를 가르며 나아갔어.

배를 탄 지 보름 정도가 지나자 어디까지 왔는지 가늠이 되지 않았어. 그때 선장이 외쳤어.

"다 왔소! 모두 내리시오!"

선장의 외침에 사람들은 짐을 챙겨 하나둘씩 배에서 내렸어.

상하이로 가는 사람들과 만주로 가는 사람들은 이곳에서 헤어져야 했어. 사람들은 섭섭한 마음에 오랫동안 서로 손을 놓지 못했지. 한 배에 타서 오랜 기간 같이 지내다 보니 정이 들었던 거야.

자현은 만주로 가는 한 가족과 함께 이동하기로 했어. 젊은 부부가 노모와 아이 둘을 데리고 만주로 가는 중이었어. 말을 빌려 노모를 말에 태우고 아이가 걷다 지치면 함께 태웠어. 하지만 아이는 쉽게 지쳤어. 걸음이 느려지자 아이 엄마는 자현과 성삼이 먼저 떠나는 것이 좋겠다고 했어. 헤어지자니 서운했지만 자현과 성삼은 발길을 재촉했지. 고향을 떠나 다른 나라로 가서 살려고 하니 낯설고 외로워서 동포끼리 조금이라도 함께하고 싶은 마음이 간절했지만 어쩔 수 없는 일이었어.

 만주로 가는 길은 멀었어. 첩첩산중을 지나면 끝없는 벌판을 만났어. 날이 저물면 하룻밤 머물 여관을 찾아 들어갔어. 방 안은 어둡고 꿉꿉한 냄새가 짙게 배어 있었어. 이부자리도 몹시 지저분했지. 목침나무토막으로 만든 베개도 땀에 절어 시커멓고 반질반질했어. 하지만 자현과 성삼은 너무 지쳐서 몸을 누이고 쉴 수만 있으면 어떤 것도 괜찮았어.

 자현은 침대에 누워 생각했어.

 '얼마나 많은 사람들이 이곳에서 쉬고 갔을까. 모두 나처럼 지친 몸을 이끌고 왔겠지. 누군가 또 내가 머문 이곳에 와서 쉬고 가겠구나.'

 앞으로 더 많은 사람들이 자신처럼 고향을 버리고 올 거라 생각하니 먹먹했지.

 그날 새벽, 자현은 너무나 피곤해 몸을 가누지 못하고 잠들어 있었어. 그때 꿈속에서 들리는 것처럼 아들의 목소리가 들려왔지. 눈을 번쩍 뜨고 살펴보니 아들은 온몸이 땀으로 흠뻑 젖어 있었어. 일어나지 못하고 몸을 웅크리고 있었지.

 "어머니, 배가…… 너무 아파요. 몸이 이상해요."

 자현은 덜컥 겁이 났어.

 "어디가 어떻게 안 좋은 거냐?"

 자현은 성삼의 배를 쓰다듬었어.

"창자를 쥐어뜯는 거 같아요. 아이고, 어머니……."

말을 다 잇지 못한 채 성삼이 끙끙 앓았어.

건강하던 아들이 갑자기 이러니 당황스러웠어. 우선 급한 대로 여관 주인에게 달려갔어. 손짓 발짓을 하며 가까스로 설명했지. 배를 움켜쥐고 방을 가리키면서 환자가 있다고 도와달라고 부탁했어.

다행히 여관 주인이 방으로 들어가 성삼의 상태를 봐 주었어. 여관 주인이 배를 꾹꾹 누를 때마다 성삼은 너무나 고통스러워했지. 고개를 끄덕이고 밖으로 나간 주인은 한 시간쯤 지나 돌아왔어. 그 한 시간이 자현에게는 너무나 길고 긴 시간이었어. 여관 주인은 사탕처럼 생긴 약 몇 알을 가져다주었어. 끓인 물도 함께 가져왔지.

그 약을 먹은 성삼은 서서히 좋아지다가 이틀 뒤에 다 나았단다. 다 큰 아들이 괜찮다며 아이처럼 웃는 얼굴을 보니 그제야 마음이 놓였어. 남의 나라에 와서 물도, 음식도 다르니 탈이 날 수밖에 없었지. 굶기를 반복했고 가끔 먹는 음식마저 기름진 음식이 대부분이었기 때문에 위장에 무리가 되었던 거야.

만주로 가는 길은 고되고 힘겹기만 했어. 하지만 기운을 차려 다시 길을 떠날 수밖에 없었지. 만주는 봄이면 비가 자주 내렸어. 그래서 비를 맞고 마냥 걸을 때가 많았지. 옷이 다 젖어 몸이 차갑게 식고 으슬으슬 떨려도 계속 걸었어. 발걸음을 빠르게 해 보았지만 빗물에 젖은 땅이 발을 더 무겁게 했어. 차라리 맨발로 걷는 게 나을 때도 있었지. 물집이 잡혀 가라앉기를 몇 번이나 반복했어. 고통스러웠지만 다시 돌아갈 수도 없었어. 참고 그저 앞으로 가는 수밖에 다른 방법이 없었지.

드디어 만주 류허현에 도착했어. 어느새 여름이 되어 있었어. 자현은 무사히 도착한 게 꿈만 같았지.

석주 이상룡은 수회재 남정한의 딸 자현이 왔다는 소식에 감격했어. 자현도 아버지를 본 것처럼 반가웠어. 그곳에는 남편의 친구인 채찬도 있었어. 알 만한 얼굴들이 많았어. 마치 고향에 온 것 같았어.

그날 저녁은 이상룡 어른 집에서 먹었어. 밥상에 올라온 건 강냉이밥옥수수밥이었어. 간장도 소금도 귀해서 간도 맞지 않았지. 반찬도 없는 밥상이었어. 만주에서 독립운동을 하는 사람들의 삶은 너무나 궁핍했지. 자현은 소박하다 못해 초라한 밥상을 보고 울컥 눈물이 터지려는 걸 애써 참았어.

'이렇게 힘겹게 견디고 계셨구나!'

자현은 껄끄러운 강냉이밥을 힘주어 꼭꼭 씹었어. 이 밥이 모두를 살린 밥이라고 생각했어.

그길로 자현은 서로군정서에 들어갔어. 서로군정서는 3·1 운동에 자극을 받아 만주에서 조직된 무장 독립운동 단체야. 마흔이 넘은 중년이 되어 독립운동에 발을 들여놓은 순간이었어. 오랜 시간이 걸려 이곳까지 왔지만, 의병을 키우고자 한 남정한의 딸이자 의병 김영주의 아내인 남자현이 독립군이 되는 건 어쩌면 당연한 일이었을 거야. 아들 성삼도 독립군을 양성하는 학교인 신흥무관학교에 입학

을 했지.

　자현은 서로군정서에서 훈련도 받았어. 자금이 넉넉지 못했던 독립군은 진짜 총으로 연습할 수 없었어. 비록 나무로 만든 총이었지만 진짜 총이라고 생각했지. 마음이 약해질 때마다 남편을 생각했어. 총 없이 눈을 감고 연습할 때도 있었어.

　그러던 어느 날, 밀고자가 은신처를 신고했다는 첩보가 들어왔어. 자현도 독립군들과 함께 다른 곳으로 근거지를 옮기기로 했지.

　지난 몇 년 동안 독립군 조직은 감시를 피해 수없이 이동했어. 일본은 갈수록 더 심하게 감시망을 좁혀 왔어. 만주에서는 굶주림이 일상이다 보니 밀고자도 생겨났어. 청산리 전투에서 독립군이 크게 이긴 후 사정은 더욱 나빠졌어. 일본군이 만주 독립군을 두려워하기 시작한 거야. 독립군 세력이 더 커지게 두면 안 된다고 생각했어. 수단과 방법을 가리지 않고 눈에 불을 켜고 독립군을 찾아내려고 했어.

　하루는 일본군에게 쫓기던 독립군 열 명 정도가 자현 집에 숨어들었어. 그들은 추위와 굶주림에 지쳐 있었어. 그들 중 제일 어려 보이는 청년 한 명은 금방이라도 정신을 잃을 것만 같았어. 옷은 다 찢어졌고 딱 봐도 몸이 말이 아니었어. 팔과 다리를 둘둘 감싼 천에 핏물이 배어 있었어. 젖은 발로 도망 다니다 보니 동상에 걸리지 않으면 이상한 일이었어. 손은 얼어 퉁퉁 부었고 손톱은 까맣게 죽어 있었어. 차마 눈 뜨고 볼 수 없는 지경이었어. 그런데도 총만은 겨드랑이에 끼고 있었어. 모두 아들 또래의 청년이었어.

자현은 그 모습이 너무나 참혹해 눈물이 쏟아졌단다. 그러나 집에는 당장 이들을 먹이고 입힐 옷이 없었어. 자현은 마을 구장에게 달려가 사정을 말했어.

"구장님, 도와주시오! 어서요, 급합니다!"

하지만 구장은 이러지도 저러지도 못 한 채 망설였어. 일본군에게 보복을 당할까 두려웠기 때문이야. 자현은 화가 났지만 어서 설득해야 했어.

"구장님, 저 청년들이 무엇 때문에 이러는지 모르십니까? 나나 구장님 같은 사람들을 대신해 저러고 목숨 걸고 싸우는 걸 정말 모르시냔 말입니다!"

구장도 더는 망설일 수가 없었어. 구장이 청년을 업어다 따뜻한 방에 누이려고 했어.

"구장님, 안 됩니다!"

자현이 소리쳤어.

"불 안 땐 방 없어요?"

구장은 이해할 수 없다는 눈치였어.

"창고로 쓰는 방이 있긴 한데……."

자현은 거기로 청년들을 들였어. 잠시 집을 둘러보더니 마당에 있던 큰 독을 방으로 옮겼어.

"구장님, 물, 물을 떠다 이 독에 채워 주시오!"

 구장은 더 이상 묻지 않고 자현이 시키는 대로 했어.

 청년은 몸을 떨 힘도 없는 듯 축 처져 있었어. 한겨울 바깥바람만 피해도 살 것 같았어. 만주의 겨울바람은 날카로운 칼로 살갗을 벗겨 내는 것만큼 고통스럽게 휘몰아친다고들 했어.

 두 사람이 정신없이 움직여서 독에 물이 반쯤 찼어. 자현은 청년의 옷을 벗기고 독에 넣었어.

 구장이 뭐라 하려고 하자 자현이 막으며 말했어.

 "나를 믿어요. 이래야 동상에 걸리는 걸 조금이라도 막을 수 있어요."

다른 청년들도 모두 옷을 벗고 찬물로 몸을 씻었어. 청년들은 오들오들 떨면서도 자현이 시키는 대로 했어. 이 부딪는 소리가 방을 채웠어.

"아이고, 까마귀가 형님 하겠네!"

말은 그렇게 했지만 자현은 젊은 청년들 몸을 바로 볼 수가 없었어. 온몸이 상처투성이였던 거야. 멍 자국이 여기저기 보였어. 자현은 청년들의 몸을 마른 수건으로 정성을 다해 닦아 주었어. 구장도 자현이 하는 대로 따라 청년들 몸을 문질렀어.

"이제 따뜻한 방으로 가요."

청년들은 마치 말 잘 듣는 아이들 같았어. 되는대로 구장이 가져온 옷을 걸치고 따뜻한 이불 속에 들어가 몸을 녹였어. 구장은 잠시나마 망설였던 게 미안했는지 내올 수 있는 음식을 모두 내왔어.

몸이 녹고 마음이 녹으니 그제야 청년들은 말문이 트였어.

"이게 얼마 만인지. 따뜻한 아랫목에서 따뜻한 밥을 먹으니 눈물이 나요."

정신을 잃기 직전이었던 어린 청년도 정신을 차렸어. 그러고는 갑자기 훌쩍거렸어. 다른 청년들 눈자위도 붉어졌어.

"하하, 여태 엄마 품이 그리운가 보네? 나 같은 사람 구하겠다고 목숨 걸고 다니는데 이게 뭔 큰일인가. 당연한 거지."

구장도 거들었어.

"그러게 말입니다. 허허! 고맙소, 고마워! 아깐 내가 미안했수."

구장은 진심으로 사과했지.

이 일로 자현은 독립군들 사이에서 '어머니'라는 별명이 생겼어. 자현은 기꺼이 독립군의 어머니가 되어 주었어.

'비록 우리가 고향 땅을 떠나왔으나 혼자가 아니라는 것을 알려 줘야 해!'

자현은 자기가 이곳에서 해야 할 일이 뭔지 더 확실하게 깨달았어.

# 만주의 상황과
# 독립운동 단체

　만주는 러시아와 중국, 우리나라와 인접한 북쪽의 광활한 지역으로 만주족이 살았던 곳입니다. 역사적으로도 우리나라와 깊은 관련이 있습니다. 만주의 지린성 동남부 지역에는 조선인 거주 지역인 간도가 있었습니다. 간도는 대한 제국이 탄생하기 전부터 지배층의 억압을 피해 농사지을 곳을 찾아 떠난 조선인들이 모여들어 정착촌을 이룬 곳입니다.

　만주는 중국이나 러시아, 일본, 우리나라에 여러 가지로 중요한 지역이었습니다. 1900년 이후 러시아가 만주를 점령하기 시작하면서 시베리아 철도 부설권을 놓고 중국과 신경전을 벌였습니다. 만주는 미개척지였던 데다 탄광과 금광을 개척할 경우 엄청난 경제적 효과를 얻을 수 있었기 때문에 일본도 눈독을 들였습니다. 일본이 포츠머스 조약(1905년)에 의해 만주의 창춘-뤼순 간 철도의 이권을 획득한 이후, 만주는 일본의 자본 투자·상품 시장·중공업 원료 공급지로서 중요한 역할을 하게 되었습니다. 그리고 관동군은 일본이 건설한 남만주 철도를 보호한다는 구실로 1905년부터 만주에 주둔하고 있었고 결국 1932년에 만주 지역을 점령하고 만주국을 세웠습니다.

　한편 우리나라 독립운동가들은 3·1 운동 이후 국내 사정이 어려워지자 꾸준히 만주 지역으로 옮겨 갔습니다. 이후 만주 전 지역은 독립운동의 중요한 근거지가 됩니다.

  당시 두만강 북쪽의 북간도와 압록강 상류의 서간도를 중심으로, 북간도에는 간민회, 간민교육회 등의 항일 독립운동 단체가 있었고 서간도에는 경학사, 부민단, 한족회와 여러 의병 단체들이 있었습니다. 1906년 북간도에 설립된 서전서숙 이래 명동학교, 창동학교, 정동학교, 광성학교 등이 세워졌고 서간도에는 신흥학교를 비롯해 각종 사립학교가 세워졌습니다. 이들 단체와 학교는 일제의 탄압을 피해 해외에 건설된 독립운동 기지였고 민족주의 교육과 독립군 양성을 통해 조국 독립을 이룬다는 목적으로 운영되었습니다. 이런 상황을 알고 있었던 일제는 갖가지 핑계를 대면서 군인들을 보내 한국인을 잔인하게 학살했습니다.

  살기 위해 고향을 떠나 만주로 갔으나 그곳의 삶도 어렵고 힘들었습니다. 모든 사람들이 독립운동에 참여하지는 않았으나 아주 많은 사람들이 조국의 독립을 기원했고, 도움이 되려고 노력했습니다.

1906년 북간도에 설립된 서전서숙 옛 터(왼쪽)와 1919년 새롭게 문을 연 신흥무관학교 본부 터(오른쪽) 만주 지역에는 북간도와 서간도를 중심으로 여러 독립운동 단체가 만들어졌으며, 서전서숙과 신흥학교 같은 사립 교육기관도 세워졌다. 이들 학교에서는 항일 민족 교육은 물론 군사 교육도 했다.

# 6
# 두 개의 손가락

　자현이 처음 만주에 발을 디뎠을 때도 그랬지만 만주는 한 해가 다르게 더 많은 사람들로 북적거렸어. 만주는 개간하지 않은 땅이 많았지. 그래서 가난과 일제의 억압에서 벗어나고 싶어 고향을 떠나온 사람들이 많았던 거야.

　하지만 마음 편하게 농사만 짓고 살 수는 없었어. 러시아와 일본은 만주 땅을 차지하고 싶어 사사건건 부딪혔어. 철도 부설권은 아주 큰돈을 벌 수 있는 사업이었어. 그래서 두 나라는 서로 철도 부설권을 얻으려고 팽팽하게 기 싸움을 벌였어. 그뿐이 아니야. 드넓은 삼림이 키워 낸 나무야말로 빼앗기고 싶지 않은 먹잇감이었어. 게다가 아무도 손대지 않은 광산까지 넘쳐 나는 곳이 만주였지. 러시아와 일본 사이에 끼인 우리나라 사람들은 하루하루가 살얼음판을 걷는 것처럼 불안했어.

겨우 몸만 가지고 도착한 만주 땅이었지만 땅을 일구고 품을 팔거나 장사를 해서 돈을 벌고 자리를 잡아 갔어. 그렇지만 잊어버리면 안 되는 것이 있었지. 그건 바로 만주로 온 목적과 이유는 달라도 언젠가는 고향 땅으로 돌아가겠다는 생각이었어.

"고향 땅으로 돌아가는 길은 단 하나입니다. 우리나라의 독립! 빼앗긴 나라를 되찾아야 고향 땅으로 돌아갈 수 있어요. 우리가 어느 나라 사람인지를 잊어버리면 안 됩니다!"

자현은 여자 교육회를 조직하여 조국의 독립을 힘주어 말했어. 하지만 사람들 마음을 한데 모으는 일은 어렵기만 했단다. 자현도 알고 있었어. 당장 먹고사는 일이 더 급했으니까.

만주 땅이 아무리 넓다 해도 모두에게 기회가 주어지는 건 아니었어. 땅 주인이 있었기 때문에 돈이 있어야 작은 밭이라도 하나 살 수 있었지. 돈이 없는 사람은 남의 땅 농사를 대신 지어 주는 소작농 신세였어. 소작료로 곡식이나 돈을 주고 나면 겨울을 나기가 빠듯했지.

논농사를 지어 온 우리나라 사람들은 만주 땅을 일궈서 논을 만들기로 했어. 조나 수수를 심는 것보다 벼를 심는 게 이득이 더 컸거든. 하지만 땅을 일구는 것도, 논에 물을 대는 일도 무척이나 어려웠어.

논농사는 만주 사람들과 갈등이 생기는 원인이 되었어. 밭농사만 지어 온 만주 사람들은 논을 만들다가 물이 제 밭을 덮칠까 봐 겁이 났거든. 그러다 보니 논을 만드는 우리나라 사람들과 싸움이 잦았지. 낫이나 곡괭이를 들고 싸움을 걸어오기도 했어.

　그 와중에도 독립운동은 멈출 수 없었어. 하지만 마음이 흔들리는 사람들이 생겼어. 당장 먹고사는 일이 어렵다 보니 조국의 독립보다는 하루 끼니를 해결하는 일이 더 중요했던 거지. 겨우 자리 잡고 살 만한 사람들도 그동안 고생한 게 아까워 자기 재산을 지키고 싶었거든.

　그뿐만이 아니야. 일본군 못지않게 두려운 존재가 있었어. 바로 마적단이야. 말을 타고 다니면서 이곳저곳을 약탈하는 무리였는데, 마적단이 한 번 휩쓸고 간 마을은 남아나는 게 하나도 없을 정도였지. 마적단에는 우리나라 사람들도 더러 있었어. 그러다 보니 만주

사람 중에는 마적단을 독립군이라고 착각하는 사람도 있었어. 한국말을 하는 사람이 있으면 독립군이라고 생각한 거야. 그래서 독립운동 단체들에서도 마적단은 커다란 골칫거리였어.

'독립군은 싸워야 할 상대가 많기도 하구나.'

자현도 여러 번 마적단에게 쫓겨 몸을 피해야 했어. 만주 생활은 목숨이 언제 어디서 어떻게 될지 모르는 안갯속 같았지. 그래도 조그마한 희망은 있었어. 고향으로 돌아가는 희망을 품고 사는 사람들, 어렵게 번 돈을 독립운동에 써 달라고 내놓는 사람들이 있어서 희망은 사그라들지 않고 오히려 조금씩 피어나기 시작했지. 참 놀라운 일이야.

'지금 내가 생각해야 할 것은 오로지 독립이다! 그것만 생각해야 해.'

그들을 생각하면서 자현은 힘겨운 마음을 다잡았어.

석주 이상룡은 기회가 있을 때마다 동료들에게 독립운동의 방향에 대해 이야기했어.

"지금 우리 만주 독립운동에는 한 가지 문제가 있다. 항일 단체와 독립 군단이 따로 활동하는 것은 힘을 모으는 데 방해가 된다. 상하이 임시 정부를 중심으로 만주에 흩어진 독립 군단을 하나로 모아야 한다."

자현도 같은 생각이었어.

하지만 상하이 임시 정부 쪽 상황은 점점 더 나빠졌어. 국제 사회는 대한 제국의 임시 정부를 인정하려고 하지 않았거든. 그런 데다 상하이와 만주를 중심으로 활동하는 독립운동 단체들끼리 힘겨루기를 하는 것처럼 보였어. 자현은 이해할 수 없었어. 힘을 하나로 모아도 모자랄 마당에 힘겨루기를 하니 답답했지.

자현이 만주에 온 이듬해인 1920년 8월은 나라를 잃은 지 10년이 되던 해였지. 수치스러운 그날을 잊지 않고 마음을 다잡기 위해 작은 기념식이 열렸어. 그날 자현도 왼손 엄지손가락을 잘라 혈서를 썼어. 일본에게 나라를 빼앗긴 날을 잊지 말자는 다짐이었어. 그렇게 기념식에 모인 사람들은 독립을 향해 결의를 보이고 흩어진 마음을 하나로 모으고 싶었던 거야.

혈서를 쓰면서까지 마음을 다잡았건만 1922년에 들어서면서 독립 군단과 독립 단체들은 좀처럼 이견을 좁히지 못했어. 목표는 조국이 독립하는 것 하나인데 서로 추구하는 방식이 달랐던 거야.

위기를 극복하기 위해 독립운동 단체 대표들이 모여서 몇 날 며칠 토론을 했어. 자현도 거기에 있었지. 하지만 한번 갈라진 마음들이 다시 하나가 되는 일은 생각보다 어려웠어. 토론이 거듭될수록 갈등의 골만 깊어졌지. 생각이 좁혀지지 않고 분위기마저 점점 험악해졌어.

그때였어. 자현이 품에서 작은 칼을 하나 꺼냈어. 늘 몸에 지니고 다니던 칼이었어. 회의장에 앉아 있던 사람들은 서로 자기 말에 열중하느라 자현을 보지 못했어.

누군가 벼락같이 소리쳤어.

"자현 동지! 그만 두시……."

순식간이었어. 자현이 집게손가락을 잘라 그것을 들어 보였어. 그러고는 아주 낮은 목소리로 말했어. 목소리가 가늘게 떨렸어.

"이건 말도 안 됩니다! 창조파가 뭐고 개조파, 고수파는 다 뭡니까? 저는 싸움판에 뛰어들진 못했지만 지금 이 시국에 가장 중요한 게 뭔지 묻고 싶습니다."

말을 하는 동안 손가락에서 피가 계속 솟았어. 주변은 숨소리조차 들리지 않았어. 바닥에 똑똑 핏방울 떨어지는 소리만 들렸어. 자현의 손이 바들바들 떨리고 있었어. 가슴에 담아 뒀던 말을 쏟아 내듯

내뱉은 자현의 입술이 일그러졌어. 누군가 자현의 손에 손수건을 감았어. 하얀 손수건은 금방 붉은 핏물로 물들었어. 회의상은 찬물을 끼얹은 것처럼 조용했지.

자현이 자른 손가락 때문이었을까. 사분오열로 흩어지려던 서로군정서, 대한독립단 등 여러 군단이 대한통군부로 통합하기로 했어. 그 소식을 들은 자현은 긴 한숨을 내쉬었어. 앞서 죽어 간 수많은 동지들에게 진 빚을 조금이나마 갚은 것 같았어.

'또다시 손가락을 잘라야 할 때가 오면 어떻게 하나?'

그런 일이 다시는 생기지 않기를 바랐어.

며칠이 지났지만 잘린 손가락 부위가 계속 욱신거렸어. 몹시 고통스러웠지. 누군가 진통에 좋다고 족도리풀 뿌리를 가져다주었어. 자현은 족도리풀 다린 물을 마시며 생각했어.

'조국의 독립을 위해 남편과 아버지와 남편의 형제 같은 친구들이 목숨을 바쳤다. 나도 아버지의 제자이며 딸이다. 의병 김영주의 아내다. 내 아들 성삼이 나라 없는 백성이 되어 목숨을 바쳐야 하는 일은 없어야 한다.'

아들 생각을 하자 문득 손자 시련이 보고 싶어졌어. 성삼은 신흥무관학교를 나온 뒤 만주 자오허에서 잡화점을 운영하면서 결혼도 하고 아기도 낳았어.

손자 시련이가 작은 손가락을 꼬물거리는 게 눈에 아른거렸지. 손가락 통증이 사라지는 것 같았어. 생각만 한 것 같은데 몸은 이미 아

들 가족이 살고 있는 자오허로 향하고 있었지.

오랜만에 본 아들은 어엿한 가장의 모습이었어. 며느리는 오랜만에 모습을 보인 시어머니에게 차를 올리고 말했어.

"또 금방 가시려는 건 아니지요? 오늘은 며느리가 지은 밥을 꼭 드시고 가세요. 시련이도 좀 오래 보시고요. 주무시고 가면 더 좋고요."

자현은 그저 웃기만 했어.

"시련이 얼굴만 보고 갈란다. 오래 보면 뭐하누! 너희만 별일 없으면 됐다."

아들은 어머니를 잘 알기에 잡지 않았어.

바람처럼 왔다가 바람처럼 가는 게 독립운동가의 처지였어. 오래 머물면 그곳 사람들이 위험했거든. 일본 경찰들은 한시도 눈을 떼지 않고 우리나라 사람들을 감시했지.

'너는 너의 길이 있고 어미는 어미 길이 있단다.'

아들 내외와 손자를 보고 돌아가면서 자현은 발걸음을 가볍게 하려고 애썼어. 곧 쉰 살이 되지만 마음은 남편이 죽은 스물네 살 즈음에 멈췄어. 자현은 자기가 늙었다는 생각을 하지 않았어. 휘청거리던 발걸음을 바로잡으며 걸음을 재촉했어.

# 7
# 다시 경성으로

자현은 경성을 떠나고 7년 만에 두 번째로 경성 땅을 밟았어. 2년 전에 독립 자금을 만들기 위해 잠깐 경성에 들어왔었거든. 하지만 이번에는 전혀 다른 목적으로 경성에 온 것이었지. 일본 고등계 형사가 뒤를 밟지 않는지 신경을 곤두세우며 아무도 모르게 경성에 도착했어.

그사이 경성은 놀라운 모습으로 변해 있었어. 전차가 쉼 없이 오갔고, 여인들은 한복을 입은 사람보다 서양식 구두를 신고 양산을 들고 신식 복장을 한 사람들이 더 많았어. 거리마다 사람들로 북적거렸어. 은행과 백화점이 들어선 거리는 화려했고, 카페에는 커피를 마시며 웃고 떠드는 사람들로 가득했어. 만주를 떠올린 자현은 어리둥절했지.

"여기가 식민지 경성이 맞나 싶네요."

남자현과 함께 온 박청산이 중얼거렸어. 경성이 딴 나라처럼 변해 버린 현실에 실망스럽기도 했어. 이곳에서만큼은 일본 식민지 백성들의 고통이 거의 느껴지지 않았지.

박청산은 많은 독립운동가들이 만주 땅을 떠돌며 목숨 걸고 싸우고 있는데 정작 우리나라 안에 있는 사람들은 느긋하고 풍족하게 지낸다는 생각이 들어 바라보는 시선이 곱지 않았어.

"자현 동지, 2시간 후에 만나지요."

박청산은 그 말을 뒤로하고 사람들 속으로 사라졌어.

자현은 만주에서 들어 온 '문화 통치'라는 말을 경성에 와서 실감했어. 나라 잃은 슬픔은 만주에서 독립운동 하는 사람만 겪고 있는 건가 하는 생각이 들 정도였지.

3·1 운동 이후 일본은 우리나라를 지배하는 방식을 바꿨어. 이전까지는 강압적으로 모든 자유를 억압했다면, 조선 총독부 총리 사이토 마코토가 내세운 '문화 통치'는 집회나 언론의 자유를 어느 정도 인정해 주고 서양의 신문물을 적극적으로 들여와 일본의 지배에 대한 사람들의 인식을 바꾼다는 취지였지.

"문화 통치는 우리를 속이는 속임수요. 끝내 정신까지 속여 뼛속까지 친일 감정을 심으려는 것이외다."

나라 밖 독립군들은 누구나 그런 줄 알고 있었어. 자현은 경성의 거리를 둘러보고 틀린 말이 아니라는 생각을 했어. 교복을 입고 재잘재잘 떠들고 웃으며 지나가는 여학생들, 서양식 복장을 하고 즐겁게 이야기를 나누는 사람들의 모습에서 식민지의 모습은 찾아볼 수 없었지. 자현은 씁쓸한 기분을 감출 수 없었어. 조국의 독립이 사람들의 관심에서 멀어지고 있다고 생각했거든.

'그래서 꼭 사이토 마코토를 없애야 한다! 일본이 우리나라 침략을 접은 게 아니라는 걸 알려야 한다.'

자현이 박청산과 경성에 잠입한 이유는 사이토 마코토를 저격하기 위해서였어. 일본 경찰들이 쉰 살이 넘은 자현을 저격수라고 생각하기 어려울 거라는 이유로 이번 암살 임무에 투입되었지. 혹시 밀고자가 있다고 하더라도 자현을 암살자로 지목하기는 어려울 거라는 게 모두의 의견이었어. 그래도 긴장을 늦출 수 없었지. 경계하고 또 경계했어.

약속 시간이 되자 박청산이 만주 지역을 주름잡던 실력대로 바람처럼 나타났어. 자현이 슬쩍 미소를 지었어.

둘은 잠시 평범한 행인인 듯 나란히 걸었어. 박청산은 적절한 순간에 신문지로 둘둘 만 뭉텅이 하나를 자현에게 건네주었지. 남들이 보면 그냥 고깃덩어리로 보이도록 만들었어. 자현은 그 안에 총이 들어 있다는 걸 알고 있었지. 박청산은 다시 연락하겠다는 말을 남기고 골목으로 사라졌어. 자현도 신문지 뭉치를 가슴에 안고 거처로 돌아왔어.

자현은 총을 가슴에 품고 있자니 경성에 들어오기 전에 만주에서 벌어졌던 교전이 생각났어.

그날도 자현은 일본군과 한바탕 교전을 치렀어. 한참 총격전을 벌이다가 그만 동지들과 헤어지게 되었어.

"남 동지, 각자 빠져나가 거기서 만납시다."

자현이 걱정 말라며 고개를 끄덕였어.

일본군이 끈질기게 따라붙었어. 이대로 가면 자칫 위험할 수 있다는 생각이 들었어. 문제는 장총이었어. 붙잡히지 않으려면 장총을 버려야 했어. 길고 무거워서 빠르게 도주할 수 없었거든.

'이게 다 우리 피땀으로 사들인 총인데 버리고 갈 순 없어.'

자현은 이를 악물었어.

동지들이 두고 간 것까지 총 서너 자루를 어깨에 메고 뛰었어. 마을 쪽이 아니라 산 쪽으로 방향을 틀었어. 산속으로 들어가면 일본군보다 자현이 유리했기 때문이야. 산을 가로질러 은신처로 가는 길을 훤히 꿰뚫고 있었거든. 험하지만 익숙한 산길로 가야 일본군이 따라오지 못할 거라고 판단했지.

마을로 갔으면 한두 시간이면 도착했겠지만 산길이라 서너 시간 넘게 걸렸어. 땀에 흠뻑 젖은 채 비밀 장소에 도착했을 땐 동쪽 하늘이 서서히 밝아 오고 있었지. 동지들은 귀신이라도 본 듯 벌어진 입을 다물지 못했어.

"아니, 남 동지는 어디서 힘이 난단 말입니까? 그 무거운 걸 기어이 갖고 오셨구먼요."

자현은 가쁜 숨을 몰아쉬었어. 누군가 물 한 대접을 가져왔어. 물

마시는 소리가 꿀꺽꿀꺽 났어. 옷섶에서 손수건을 꺼내 땀을 닦으며 말했어.

"이게 다 살과 피구만 이걸 어떻게 버리고 온단 말입니까? 이 총도 내 동지입니다. 동지!"

자현이 무사히 돌아와 기쁜 마음에 다 함께 웃었어.

잠시라도 휴식을 취하라는 동료들의 말에 앉은 채로 잠이 들었어. 누군가가 이불을 가져다 덮어 주는 게 느껴졌어. 때에 전 이불이었지만 따뜻하기만 했어. 목숨을 잃을 뻔한 상황에서 벗어난 뒤여서 그런지 더 포근하게 느껴졌지. 동료들도 목숨을 건 전투 끝에 안도감을 느끼며 덮었을 이불이었어. 독립군들의 냄새가 밴 이불이었지.

그날 들고 뛰었던 장총에 비해 경성에서 받은 권총은 작은 돌멩이를 쥔 것처럼 가벼웠어. 자현은 오랫동안 이런 순간을 마음속으로 준비해 왔지만 암살 임무를 맡은 건 처음이었지. 그동안 했던 훈련과 교전의 경험이 다 오늘을 위한 것 같았어.

'남편 가슴에 박혔던 그 총알을 일본의 가슴에 박아 줄 것이다!'

독립군에서 암살단을 조직하게 된 데는 경제적인 이유가 컸어. 대규모 전투를 치를 때마다 군자금과 무기가 너무 많이 들어갔어. 또 너무 많은 사람들이 희생되었지. 그래서 무장 투쟁 전술을 바꾸기로 한 거야. 일본 고위 간부 한 명을 목표로 저격하여 큰 효과를 보자는 거였어. 독립군 진영에서는 은밀하게 행동할 암살단을 조직했어. 암살에 성공하려면 정확한 사격 기술이 필요했지. 그래서 암살 단원들은 사격 훈련에 최선을 다했어.

"성공하면 수백 명 일본군을 없애는 효과를 얻소. 허나 목숨을 내놓아야 하는 일이오!"

암살 단원들은 죽기를 각오해야 했어. 독립운동 자체가 목숨을 걸고 하는 일이었지만 암살은 한번 실패하면 바로 목숨을 잃을 수도 있었지. 그래서 마지막이 될지도 모르니 임무를 수행하기 전에 사진을 찍어 두었어. 태극기를 들거나 무기를 들고 찍었지. 자현도 경성에 오기 전에 사진을 찍고 왔어. 살아서 돌아간다는 생각은 하지 않겠다는 결의를 보여 주기 위해서였어.

암살 작전이 효과가 크다는 걸 안 조선 총독부에서는 암살단을 경계하는 경호를 더 엄격하게 했어. 암살단이 두려움의 대상이 된 거야. 암살단 입장에서도 그 경호를 뚫는 일이 가장 큰 어려움이었어. 그래서 신중하게 상황을 살피고 정보를 모아 움직여야 했어.

박청산과 남자현은 한 조가 되어 경성에 온 거야. 은신처에 숨어 지낸 지 며칠이 지나자 박청산에게서 연락이 왔어. 여관 주인이 전해 준 쪽지에 박청산이 알아낸 정보가 들어 있었어. 사이토 마코토가 순종이 머물고 있는 창덕궁에 자주 드나드니 창덕궁을 중심으로 거사 계획을 짜자는 이야기였어.

자현은 날마다 창덕궁 주위를 살펴보러 나갔지. 어느 장소가 저격을 하기 좋은지 미리 봐 둬야 했어.

드디어 찻집에서 박청산을 만나기로 한 날이 되었어. 잠시 기다리자 박청산이 헐레벌떡 뛰어 들어왔지.

"순종이…… 세상을 떠났어요."

박청산이 소리를 낮춰 말했어. 자현은 그 말을 듣자 거사를 치를 때가 왔다는 걸 직감했어.

"사이토 마코토가 조문을 오겠군. 그날이 거사일이 될 것이오."

박청산도 같은 생각이었어.

여관방으로 돌아온 자현은 권총을 다시 한 번 점검했어. 손에 익도록 만지고 또 만졌어.

순종이 세상을 떠나자 우리 민족은 다시 한 번 나라 잃은 설움이 되살아났어. 일본의 감시에 갇혀 허수아비 왕처럼 지냈던 순종의 삶을 알기 때문에 사람들은 더욱 안쓰럽게 여기고 서러워했던 거야. 그래서 더욱 사이토 마코토 저격 임무를 성공해 사람들에게 조국 독립에 대한 희망을 알려 주어야 했어.

자현은 조문 행렬 사이에 끼어 사이토 마코토가 나타나기만을 기다렸어. 언제 나타날지 알 수 없어 한시도 눈을 떼지 못했어. 하지만 첫날엔 나타나지 않았어. 조선 총독부에서 위험을 감지한 걸까. 시간이 지날수록 조급한 마음이 들었지. 자

현은 실패하는 건 아닌가 걱정되는 마음이 점점 짙어졌어.

그러던 중 박청산이 놀라운 소식을 갖고 왔어.

"사이토 마코토를 노린 사람이 또 있었던 모양입니다!"

자현이 깜짝 놀라서 물었어.

"아니, 누가?"

그는 서른네 살 청년 송학선이었어. 그도 사이토 마코토가 순종을 조문하러 나타날 것을 예상하고 잠입해 있었던 거야. 하지만 사이토

마코토라고 생각하고 찌른 사람은 사토라는 일본인이었어. 일본 경찰에 잡혀 재판을 받은 송학선은 사형 선고를 받고 말았어.

'송학선이라고 했던가! 어려운 일을 하려고 했구나. 이게 다 우리 민족의 마음인 것을. 다만 젊은 네가 나 대신 간 것 같아 그게 안타깝구나! 부디 편히 눈을 감아라!'

자현은 기개 좋은 청년을 잃게 된 것이 진심으로 마음 아팠어.

이 사건으로 조선 총독부가 발칵 뒤집어졌어. 총독을 살해하려고 거사를 벌인 청년이 나타났으니 말이야. 비록 실패하긴 했으나 삼엄한 경호가 뚫렸다는 것은 큰 문제였지. 일본은 이 사건을 계기로 만세 운동이 벌어지거나 또 다른 암살단에게 당할 수 있다는 생각에 다시 독립군들을 잡아들이기 시작했어. 경성 곳곳에 심각한 분위기가 감돌았지. 감시가 더 치밀해졌어.

남자현과 박청산도 우선 경성을 벗어나 몸을 피해야 했어. 두 사람은 감시를 뚫고 간신히 신의주행 기차를 탈 수 있었어.

# 일제의 문화 통치

1919년 3·1 운동으로 인해 우리 민족을 강압적으로 통치하고 민족의식을 억누르던 일제의 '무단 통치'는 불가능해졌습니다. 일제는 우리 민족의 독립 의지와 반일 정신에 내심 크게 놀랐습니다. 또한 비폭력 운동이었던 3·1 운동에 대해 일제가 무력 진압과 보복 학살을 해서 국제 여론이 악화되었습니다. 이러한 분위기 때문에 일제는 변화를 꾀할 수밖에 없었습니다. 조선 총독부 총독을 사이토 마코토로 임명하고 통치 방식을 '문화 통치'로 바꿨습니다.

문화 통치의 내용을 살펴보면, 우선 헌병 경찰 제도를 보통 경찰 제도로 바꿨습니다. 하지만 경찰서를 더 많이 늘려서 한국인을 감시하고 통제했습니다. 또한 한글로 발행하는 민족 신문과 잡지 발행을 허가했습니다. 하지만 기사에 문제가 있다고 판단하면 기사를 삭제하거나 그 신문을 압수하거나, 발행을 일시 또는 영구 정지시켰습니다.

그리고 지방 자치를 허용하고 한국 사람을 지방 행정에 더 많이 참여하게 한다고 발표했지만 실제로는 극히 일부 일본에 우호적인 사람들만 참여하게 했으며 그마저도 의결권은 주지 않았습니다. 한국인에 대한 교육을 확대한다고도 했지만 보통 교육과 직업 교육만 했고 고등 교육은 가르치지 않았습니다. 똑똑한 한국 사람이 많을수록 식민 통치가 어렵다고 보았기 때문입니다. 이처럼 사실상 통치의 내용은 예전과 전혀 다르지 않았습니다.

　허울뿐인 문화 통치는 1929년 우리 민족의 독립운동에 대한 탄압으로 종료되었습니다. 이후 일제는 중·일 전쟁과 태평양 전쟁을 일으키고 이 전쟁들에 필요한 사람과 물자를 우리나라에서 강제로 빼앗았습니다. 그리고 한글 사용을 금지하고, 성과 이름을 일본식으로 바꾸게 했으며, 우리나라 전국 각지에 신사를 세워 일제에 충성을 맹세하게 하는 등 민족 말살 정책을 시행했습니다.

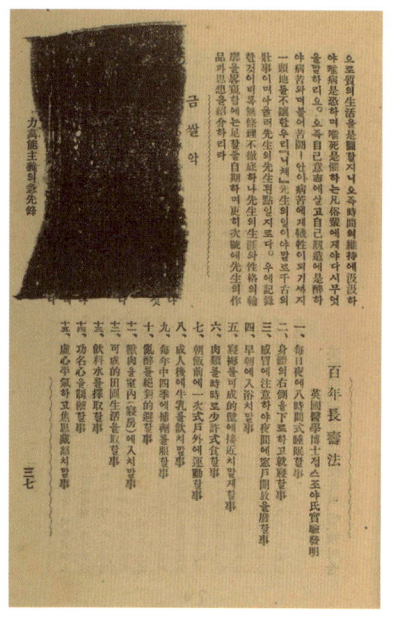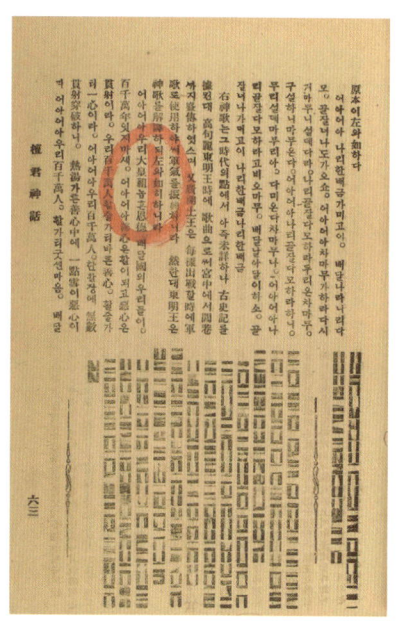

『개벽』 창간호 검열 기사　잡지 『개벽』은 1920년에 천도교에서 창간했으며 일제의 가장 많은 탄압을 받은 잡지 중 하나이다. 일제가 문제가 있다고 판단한 기사에 검게 칠하거나 활자를 엎어 놓고 인쇄한 부분이 보인다.

# 8
## 안창호를 구하라!

사이토 마코토 총독 암살 계획이 실패한 뒤로 자현은 군자금을 모으러 다니느라 매우 분주했어. 암살 계획이 실패한 것에 대해 아쉬워할 겨를도 없었지.

그 무렵 자현에게 매우 힘든 일이 일어났어. 만주에서 지내는 동안 가장 가깝게 지낸 동료 채찬의 죽음이었어.

남편의 친구이자 서로군정서 동료였던 채찬은 자현에게 늘 든든한 버팀목이 되어 주었지. 남편에 대한 그리움을 나눌 수 있는 친구이기도 했어. 함께 우리나라 곳곳을 돌며 군자금을 모으던 동료가 변절자들에게 살해당했기 때문에 자현은 더욱 마음이 아팠어. 하지만 독립군의 어려운 상황을 돌보아야 하는 자현은 슬픔에 젖어 있을 수만은 없었어.

게다가 독립운동가들에게 더 아찔한 사건이 벌어졌어. 도산 안창호를 비롯한 독립운동 핵심 지도자 수십 명이 중국 경찰에 검거된 사건이었어.

사건이 벌어진 날에는 지린성 조양문 밖에 있는 대동공창에서 의열단 나석주 추도식이 열리고 있었어. 추도식 후에는 만주의 주요 인사들과 시국 토론이 있을 예정이었고. 흩어진 독립운동 조직이 다시 한 번 뜻을 모을 기회였지. 이 정보를 알아낸 일본 경찰이 중국 지린성 군에 신고를 하는 바람에 안창호와 독립운동가 주요 인사들이 구속되었어. 김동삼, 오동진, 고할신, 이철, 김이대 등이 포함되어 있었지. 자현도 그 자리에 있었지만 천만다행으로 구속을 피할 수 있었어.

독립운동 지도자들이 일본군 손에 넘어갈지도 모를 절망적인 상황이 벌어졌어. 조선 총독부는 중국에 우리 독립운동가들을 넘겨 달라고 끊임없이 요구했어. 일본인들에게 넘겨지기 전에 누군가가 임시 정부에 이 사실을 알리고 이들을 구해야 했지.

자현은 우선 안창호를 만나야겠다고 생각했어. 면회 신청은 번번이 거절당했지만 친척이라고 위장하고 옥바라지감옥에 갇힌 죄수에게 옷과 음식을 대 주면서 뒷바라지를 하는 일를 하며 기회를 엿봤지.

여러 날이 지나 드디어 안창호를 면회할 수 있게 되었어. 그는 단번에 남자현을 알아보며 자신의 뜻을 전달했어.

"어서 정미소 이기팔 선생을 찾아가시오. 그 정미소를 연락처로 삼아 상하이 임시 정부에 우리 소식을 전하시오. 한시가 급하오!"

자현은 이기팔을 만나 안창호의 말을 전했어. 그 즉시 지린 대검거 사건에 대한 비상 회의가 열렸지. 곧장 상하이 임시 정부와 연락을 취할 수 있었어. 임시 정부는 중국에 항의하며 석방을 요구했어. 중국 언론에 이 소식을 알려 구명 운동에 나섰지. 중국 사회 정치 인사들은 이 소식을 듣고 함께 중국 정부에 항의하기도 했어. 사회단체 인사들과 학생들까지 힘을 보태 주었지.

"중국이 나서 외국의 독립운동가들을 감금하는 것은 옳지 않다. 그들을 일제에 넘기는 것은 국가적 품위를 떨어뜨리는 행위다."

자현은 신문에 실린 기사와 주변 반응을 세심하게 살폈어. 만주에 사는 동포들에게도 지린 대검거 사건을 알리는 데 힘을 보탰지. 여론이 임시 정부 쪽으로 기울자 중국 정부 측에서도 일본에 우리 독립운동가들을 넘기는 일이 부담스럽게 느껴졌어. 결국 일본의 요구를 거절하고 모두 석방하기로 했지.

이 사건을 통해 동포들 사이에서 독립운동가 남자현의 이름이 더욱 널리 퍼지게 되었어.

자현은 지린 대검거 사건이 마무리된 뒤 아들 성삼을 만나러 갔어. 아들 역시 이 사건에 대해 알고 있던 터라 크게 걱정을 하고 있었지.

"몸보다 마음이 힘들었지. '안 선생님이 큰일 당하면 어쩌나.' 그

생각에 밥 한술 넘길 수가 없었구나."

자현은 언제나 그랬듯 아들 가족 얼굴만 보고 이내 돌아왔어.

거처로 돌아오는 길이었어. 자현은 큰 사건이 지나간 뒤라 그런지 긴장이 풀어지고 남편을 떠올리며 눈물을 흘렸어. 죽음을 각오하고 투쟁을 이어 온 지난 시간을 생각하니 의병 활동을 한 남편이 절로 생각이 난 거야.

'죽을 줄 알면서도 전투에 나섰던 남편은 얼마나 두려웠을까.'

자현도 죽음이 두려웠어. 그래서 언제 죽을지 모른다는 생각에 틈이 나면 늘 아들과 며느리, 손자를 보고 오는 거지.

하지만 젊은 독립운동가들 사이에서 자현은 당찬 어머니의 모습이었어. 그들 마음이 흔들리고 지칠 때마다 든든한 버팀목이 되어 주었지. 그래서 자현은 더욱 지치고 두려워하는 모습을 보일 수 없었어.

아무도 없는 곳에서 한바탕 눈물을 쏟아 낸 자현은 마음을 다잡고 성큼성큼 걸어갔어. 조국의 독립이 이루어지지 않았으니 아직은 약해질 수 없었던 거야.

# 9
## 영영 이별

    일본은 우리나라를 거쳐 중국 대륙으로 진출할 계획을 세웠어. 전쟁을 준비하는 과정에서 아주 많은 한국인들이 희생되었지. 중국도 점점 세력을 키우는 일본을 두려워하기 시작했어.

    조국에서 도망쳐 만주와 중국 일대에서 독립운동을 벌이던 독립운동 단체들에도 위기가 다가오고 있었어. 일본군이 중국에 진출한다는 건 그만큼 위험이 더 커진다는 말이었으니까. 아니나 다를까 감시망이 더 촘촘해졌어.

    일본은 우리 독립운동가들을 잡아들이기 위해서 회유하고 협박하여 배신을 하게 만들거나 밀고자로 만들었어. 직접 추적하는 것보다 내부에 고발할 수 있는 인물을 심어 두었다가 핵심 지도자들을 잡아내는 게 더 수월했기 때문이야. 서로 의심을 하게 만들어 독립운동을 어렵게 하는 것도 그들의 작전 중 하나였지.

자현은 한마음으로 단결하자고 동료들에게 외쳤어. 그것만이 독립을 빠르게 이루는 길이라고 힘주어 이야기했지.

하지만 이런 노력에도 불구하고 결국 일이 터지고 말았어.

"김동삼 선생이 붙잡히다니요? 이게 무슨 청천벽력 같은 말이오?"

1931년 김동삼이 하얼빈에서 붙잡혔어. 함께 있던 이원일도 붙히게 되었지.

자현은 충격을 받았어. 만주에서 김동삼은 지도자로서 없어서는 안 될 존재였어. 그뿐만이 아니야. 그 당시 김동삼은 만주에 흩어진 독립운동 단체들의 통합 작업에 몰두하고 있었어.

'어떻게 선생을 구출하나!'

독립군 진영에서도 머리를 맞대고 고민했어. 만주 사변 후 일본 경찰은 독립군을 찾아내려고 혈안이 되었어. 만주 사변은 일본이 본격적으로 대륙을 침략하기 위해 벌인 침략 전쟁이었어. 만주를 일본 영토로 편입하기 위해 청나라의 마지막 황제 푸이를 앞세워 일본의 꼭두각시 노릇을 해 줄 만주국을 만들었어. 만주 일대뿐만 아니라 중국까지 일본군의 손이 뻗치니 큰일이 아닐 수 없었어. 독립운동가들의 활동 영역이 축소될 위기에 놓인 거지.

'일본의 수색이 점점 더 악랄해지고 있구나.'

자현은 서둘러 하얼빈으로 출발했어. 수감된 김동삼을 만나기 위해서였어. 친척이라고 거짓말을 하고 면회할 수 있었어. '만주벌 호랑이'라는 별명답게 김동삼은 흐트러짐 없이 당당했어. 자현은 그런 김동삼을 보자 마음이 놓였어.

면회를 하고 나서 자현은 임시 정부와 독립군 쪽에 연락을 취했어. 하지만 임시 정부도 일제 감시망을 피해야 할 처지였어. 김동삼 구명 운동을 하기가 마땅치 않았어. 지린 대검거 사건 때처럼 대대적인 여론전을 펼치는 것도 쉽지 않았지. 중국도 자기 나라 지키기에 급급한 시기였기 때문이야.

독립군 진영에서는 날마다 긴급회의를 열었어. 김동삼이 이송될 때 빼내는 방법이 유일했어. 자현은 무슨 일이 있어도 김동삼을 구해 내리라 마음먹었어. 석주 이상룡과 김동삼은 만주에서 남자현의 보호자였고 길잡이였어. 독립운동가로서 살아갈 수 있도록 길을 내 준 스승이기도 했지.

수소문 끝에 김동삼이 신의주로 압송된다는 첩보를 입수했어. 자현은 곧 무기를 준비하고 몇몇 동지들과 구출 계획을 짰어.

거사 당일, 하얼빈역은 사람들로 북적거렸어. 자현은 역사에 걸린 시계를 봤어. 시간이 거의 다 되어 가고 있었어. 곧 김동삼이 타고 갈 열차가 들어올 예정이었어. 자현은 마른침을 삼켰어. 가슴에 품은 총을 다시 한 번 만져 보았지. 심장은 그 어느 때보다 크게 뛰었어.

'김 선생, 기다리시오. 내가 꼭 구출해 냅니다. 이대로 보내지 않아요!'

가쁜 숨을 고르며 몸을 숨겼어.

김동삼이 기차에 오르기 전, 그 짧은 시간이 그를 구해 낼 마지막 기회였어. 김동삼 구출 작전을 위해 저격조와 구출조를 나눴어. 역 광장에 타고 갈 차도 대기시켜 놨어. 최대한 빠른 시간 안에 김동삼을 빼내 차에 태워야 했어.

10여 분 시간이 10년처럼 길었어. 5분 전, 2분 전. 자현은 귀를 기울였어. 기차가 들어오는 소리가 들려야 할 시간이 되었어. 하지만 아무 소리도 들리지 않았어. 안내 방송도 없었어. 뭔가 이상했어. 도착 시간이 지났는데도 기차는 들어오지 않았어. 그리고 보니 역사 안도 별다른 기척이 없었어. 예정대로라면 김동삼을 압송하기 위해 낌새가 있어야 했어. 일본 경찰은 독립군 쪽에서 김동삼을 구출하기 위해 작전을 벌일 거라고 예상했던 거야. 결국 김동삼은 이 역으로

오지 않았어.

자현은 일이 틀어졌다는 것을 직감했어.

'당했구나!'

자현은 눈앞이 캄캄했어.

'그렇겠지! 김 선생이 얼마나 중요한 인물인지 잘 아는 놈들이 거짓 정보를 흘린 거구나!'

너무나 한탄스러웠지. 자현은 주저앉은 자리에서 한동안 일어날 수가 없었어.

그렇게 김동삼 구출 작전은 실패하고 말았어. 김동삼은 다른 날 다른 시간에 신의주를 거쳐 경성으로 압송되었어. '만주벌 호랑이'

독립운동가 김동삼은 재판에서 10년 형을 받았어. 모진 고문을 견디며 10년이나 감옥살이를 해야 한다고 생각하니 자현은 마음이 찢어지듯 아팠지. 독립군 동료들도 마찬가지였어. 김동삼이 잡혀가자 모두들 힘이 빠지고 말았지.

자현은 문득 정신을 차려 주변을 둘러봤어. 더 이상 힘을 잃어서는 곤란했어. 반전을 꾀할 일이 필요했어.

애써 기운을 차리려는 중에 또 일이 터졌어.

석주 이상룡이 병으로 세상을 떠난 거야. 남자현은 믿고 싶지 않았어. 기둥 두 개가 잇달아 무너지는 충격이었어. 오래전 남편과 아버지가 차례로 곁을 떠났을 때만큼 괴롭고 슬펐어. 마음으로 의지했던 두 사람을 잃었으니 꿋꿋하던 자현은 급격하게 무너져 갔어. 곤궁한 독립군 살림이라 제대로 먹지도 못한 채 악몽에 시달렸어. 나이도 어느덧 예순이 되었으니 많이 쇠약해 있었지.

자현은 자그마한 궤짝에서 옷을 꺼냈어. 긴 시간이 흘러 빛은 바랬지만 핏자국은 그대로 남아 있었어. 남편의 옷을 얼굴에 대 보았어.

자현은 바깥으로 나가 만주의 차디찬 새벽바람을 쐬었어. 어둠 속에 서서 한참을 생각했어.

'나는 누군가? 나는 남자현이다! 이대로 주저앉을 순 없어!'

마음속 깊은 곳에서 들려오는 소리에 귀를 기울였어. 마음속 목소리는 여전히 씩씩했어. 자신의 손을 들여다보았어. 후회는 없었어. 자현은 주먹을 꽉 쥐었어.

'죽는 날까지 힘을 내는 것뿐이다!'

그새 어둠이 걷히고 동쪽 하늘이 환하게 밝기 시작했어. 이제 인생의 마지막 거사를 준비할 때가 온 거야.

# 10
# 무명지마저 자르고

　만주 사변 이후로 만주 땅에 사는 한국인들은 살기가 더욱 어려웠어. 전쟁을 치른 뒤라 한국인뿐만 아니라 중국인 살림살이도 곤궁하긴 마찬가지였어. 중국 민병들은 민가에 쳐들어와 쌀과 돈을 약탈하기도 했어. 게다가 일본군의 핍박은 갈수록 심해졌지. 한국인들이 사는 마을에서는 끔찍한 학살이 벌어지기도 했어. 만주에서 어렵게 정착했던 사람들은 피땀 흘려 일군 농토를 버리고 다른 곳으로 옮겨 가야 했어.

　우리나라와 중국뿐만 아니라 전 세계가 전쟁으로 몸살을 앓고 있었어. 제1차 세계 대전이 끝난 뒤에 곳곳에서 경제적으로 혼란을 겪고 있었지. 모두 먹고살기가 힘들었어. 이러한 국제 정세는 독립운동을 하는 단체들에게 더욱 커다란 위협으로 다가왔지.

　일본은 중국 본토까지 점령할 목표를 세우고 대규모 전쟁을 벌이고 있었어. 중국과 국제 사회의 비난에도 아랑곳하지 않았지. 뒤늦게야 일본이 국제 질서를 흔든다는 판단이 서자 국제 연맹이 진상을 조사하기로 결정했어.

국제 연맹이 만주국 사태를 조사한다는 소식이 독립운동 진영에도 전해졌어. 점점 힘을 잃어 가는 독립 의지를 되살리고 조국의 처지를 국제 사회에 알릴 수 있는 좋은 기회였어. 국제 연맹에서 파견한 리튼 조사단이 하얼빈에 머문다는 정보를 듣고 자현은 머뭇거릴 시간이 없었어.

자현은 깊은 고민 끝에 동지들 앞에서 왼손 무명지넷째 손가락 두 마디를 잘랐어. 그리고는 피 한 방울 버리지 않으려는 듯 급히 혈서를 써 내려갔어.

## 朝鮮獨立願(조선독립원)

오로지 이 다섯 글자였어. 그 아래에 '조선 여자 남자현'이라고 서명을 했어. 자현은 잘린 손가락과 '조선독립원' 글자가 적힌 무명 손수건을 보자기로 곱게 묶어 국제 연맹 조사단에게 전달하기로 한 거야.

하지만 직접 전달하기에는 호텔 주변에 경비를 선 일본 경찰들이 너무 많았어. 그래서 중국인 인력거꾼에게 돈을 주고 보자기를 전달해 달라고 부탁하기로 했어. 손님을 태우러 온 것으로 위장하면 되니 적임자라고 생각했어.

자현과 동료들은 초조했어. 인력거꾼이 무사히 물건을 전달했을까. 인력거꾼이 약속한 장소 앞을 지나가면 성공했다는 표시였어.

하지만 인력거꾼은 나타나지 않았어. 자현의 무명지도 '조선독립원'이라 쓴 손수건도 허무하게 사라졌어. 무명지 끝에서 참을 수 없는 고통이 느껴졌어. 자현은 입술을 깨물었어. 너무나 참담했어.

'이 또한 반드시 성공했어야 하는 일이었다!'

내심 기대했을 동지들 얼굴이 스쳐 갔어. 그 누구도 탓하지 않을 거라는 걸 알고 있었지만 말이야.

'이 늙은 몸이 나라를 위해 뭐라도 하나 하는 것이 이토록 어렵단 말인가!'

일본이 국제 연맹에서 탈퇴하면서 무자비한 전쟁은 가속도가 붙었지. 우리나라가 처한 상황을 알리는 일이 더욱 어렵게 된 거야. 이제 더 이상 독립이 이루어지길 기다리고만 있을 순 없었어.

마침 만주국 전권대사 무토 노부요시가 만주국 수립 첫돌 기념식에 참석하려고 하얼빈에 온다는 첩보가 들어왔거든. 그를 암살하기로 했어. 마지막 운명을 건 단판 승부였지.

"이번 일이 내 마지막 임무였으면 하오."

동지들은 자현의 거사를 막을 수 없었어.

추위가 맹렬한 한겨울이었어. 자현은 권총 한 자루와 폭탄 두 개를 품에 숨겼어. 거사를 치를 장소를 먼저 살핀 뒤 작전을 짰지. 걸인

노인으로 위장을 해서 기념식장에 몰래 들어가기로 했어. 낡은 옷을 걸치고 허리가 굽은 노인처럼 느릿한 걸음으로 그곳을 배회했어.

하지만 머릿속은 한 가지 생각으로 가득 찼어.

'이번에는 반드시 성공할 것이다!'

마지막 거사라고 생각했기 때문에 자현은 더욱 신중하기로 했어. 거사 장소에 한 번 더 가서 작전을 되뇌었지. 그때, 시커먼 무리가 자현을 덮쳤어. 숨통을 조이며 거칠게 자현을 옭아맸지. 일본 경찰이 수상한 노파가 있다는 보고를 받고 작전을 눈치 챈 거야.

"남자현! 남자현이 맞지?"

일본 경찰은 거칠게 자현을 일으켜 세우며 팔을 뒤로 꺾었어.

"으윽!"

"왼손을 봐! 손가락을 보면 남자현을 확인할 수 있다!"

두 팔을 붙잡힌 자현은 반항조차 할 수 없었어. 남자현임을 확인한 일본 경찰은 자현의 팔을 한 번 더 꺾었어.

자현은 하얼빈 감옥에 갇혔어. 그동안 수없이 많은 위험을 무사히 넘어 왔지만 이번에는 빠져나오지 못했어.

아들 성삼은 자현이 붙잡혔다는 소식을 듣고 한달음에 달려왔어. 성삼은 말을 잇지 못했어. 어머니 모습은 차마 눈 뜨고 볼 수 없었어. 아들은 끝내 울음을 터뜨렸어.

"어머니! 으흑!"

"걱정 말아라."

자현은 성삼의 손을 잡고 안심을 시켰어.

자현이 붙잡혔다는 소식에 만주 동포들은 깜짝 놀랐어. 자현을 빼낼 방법을 생각하느라 머리를 맞댔지.

감옥에서는 매일 고문이 이어졌어. 그들은 독립군 본거지를 말하라고 자현을 협박했어. 독립군을 이끌고 있는 지도부의 이동 경로와 명단을 원했지. 모진 고문에도 자현은 굳건했어. 일본군은 자현의 의지를 꺾을 수 없었어. 아들에게는 고문으로 상한 모습을 보이

고 싶지 않아 면회를 거부했지. 하루가 다르게 몸은 상해 갔어. 자현은 자기 몸이 오래 버티지 못할 거라는 걸 알았어.

 자현은 단식을 하기로 결심했어. 일본군에게 굴복하지 않기 위해 스스로 내린 결정이었지. 일본군은 만주 일대에서 남자현 구명 운동으로 사람들이 뭉치는 걸 경계했지. 그래서 단식한 지 열하루가 지난 뒤 석방하여 강제로 입원을 시켰어. 병원 침대에 눕자마자 자현은 죽음 같은 잠에 빠져들었어.

# 11
## 깊은 잠

자현이 천천히 눈을 떴어. 천장에 매달린 전등 빛 때문에 눈이 부셨어. 동지들 얼굴이 흐릿하다가 조금씩 또렷하게 눈에 들어왔어. 그리운 얼굴들이었어. 어머니처럼 자현을 따른 젊은 동지는 눈물을 글썽였어. 하나같이 자현을 걱정스럽게 지켜보고 있었어.

자현은 잠시나마 이들을 다시 보게 된 것이 매우 기뻤어. 얼굴 하나하나 찬찬히 살폈어. 그것조차도 힘이 들었으나 이제 눈감으면 영원히 못 볼 얼굴이라 생각했지.

"남 동지, 조금만 힘을 내시오. 아직 할 일이 남았어요!"

자현의 숨이 약해진 걸 느낀 동지가 잡은 손에 힘을 주며 말했어.

"성……."

자현이 뭐라 말을 하려고 하자 동지가 말렸어.

"걱정 마세요. 곧 성삼 씨가 올 겁니다."

자현의 눈에 눈물이 맺혔어.

자현은 정신이 들 때마다 아들 성삼과 손자 시련이 미치도록 보고 싶었어. 겨우 정신은 차렸지만 그것은 잠깐이었어. 입안이 말라 말도 제대로 나오지 않았어. 입술을 움직여 뭐라고 하려다가 말고 다시 정신을 잃었어. 그러기를 반복했지.

자현은 간신히 숨을 붙들고 있었어. 겨우 정신을 차려 보니 그리운 아들과 손자가 눈앞에 있었어. 성삼은 어머니 소식을 듣자마자 달려왔어.

"이제는 됐……다!"

자현이 희미하게 웃었어. 눈물샘이 마른 줄 알았던 눈에 눈물이 고였어. 성삼은 어머니 손을 쥔 채 하염없이 눈물을 흘렸어.

"이 병원에서 죽기 싫구나. 나를 우리나라 사람이 하는 여관으로 옮겨 다오."

자현이 여관으로 옮겼다는 소식을 듣고 많은 사람들이 다녀갔어.

사람들로 북적대던 여관방이 겨우 조용해지자 자현은 아들과 손자를 불러 힘겹게 입을 열었어.

"시련 애비야, 내 행낭을 좀……."

만주로 온 후 오랫동안 몸에 지니고 다녀서 다 낡은 행낭이었어. 아들이 어머니 앞에 행낭을 풀어 놓았어. 행낭 안에는 천 조각으로 꼭꼭 싸매 둔 돈 249원 80전이 들어 있었어.

"그중에서 200원은 우리나라가 독립되는 날 축하금으로 내

거……라. 남은 돈으로는 시련이 공……부시키는 데 쓰고. 그리고 부탁이……. 친정에 있는 시련이 사촌을 꼭 데려……다 보살피거라."

자현은 남은 힘을 모아 자신의 왼손을 내려다봤어. 지난 세월이 마치 무섭고 긴 꿈을 꾼 것처럼 느껴졌어.

"이미 죽기를 각오한 바이니까……."

자현은 자기 손을 내려다보며 말했어.

"어머니, 그런 말씀 마시고 뭐라도 드시고 기운을 차리세요!"

자현은 울먹이는 아들을 올려다보곤 고개를 돌려 손자를 찾았어. 시련은 아까부터 성삼 곁에 딱 붙어 있었어. 자현은 시련에게 말했어.

11 깊은 잠

"시련아, 내 말을 잘 기억하거라."

자현은 잠시 숨을 가다듬었어. 입안이 말라 한참 동안 침이 고이기를 기다렸어. 한참이 지나서야 다시 말을 이을 수 있었어.

"사람이 죽고 사는 건 먹고 안 먹고 문제가 아니란다. 정신이 중요하단다!"

어린 시련은 할머니 말을 이해했을까?

손자에게 전할 말을 하고 나자 그동안 한 번도 느껴 보지 못했던 피곤이 한꺼번에 밀려들었어. 새카만 어둠이 소용돌이를 쳤지. 하지만 그 속에 뛰어들고 나면 어쩐지 편안할 것만 같았어.

마지막 힘을 모아 손자를 바라보며 말했어.

"나는 이제 잘 테니 깨우지 마라!"

자현은 깊고 깊은 잠 속으로 빨려들 듯 빠져들었어. 다시 돌아올 수 없는 깊은 잠이었단다. 1933년 8월 22일이었지.

성삼은 어머니를 끌어안고 크게 울었어. 자현은 마치 웃는 것처럼 잠들어 있었어.

장례식은 다음 날 바로 치렀어. 평생 몸에 지니고 다녔던 남편 김영주의 피 묻은 옷도 함께 묻었어. 성삼은 쫓기듯 어머니 장례식을 치르는 것이 마음에 걸렸어.

'어머니는 죽어서도 일본 경찰에 쫓기는구나!'

일본 경찰은 자현이 죽었다는 소식이 퍼지는 걸 막느라 애를 먹었어. 자현이 죽었다는 소식이 알려지면 어떤 일이 벌어질지 알 수 없는 노릇이었거든. 행여나 일본 경찰이 자현을 고문해서 죽게 했다고 소문이 돌까 봐 초조했지.

　동지들이 지켜보는 가운데 자현은 조국에서 아주 먼먼 만주 땅에 묻혔어.

　그때 바람 한 줄기가 불어왔어. 성삼은 바람결을 읽을 수 있었어. 한여름이 지나고 바람이 조금 시원해졌지만 성삼은 알고 있었어. 그 바람은 곧 모진 한기를 품고 다시 불어닥치리라는 것을. 아직 끝나지 않은 만주의 겨울이 저 앞에 서 있었어.

## 남자현의 생애

**1살** 1872년 경상북도 영양에서 태어났다. 아버지 남정한은 마을 유생들을 가르치면서 틈틈이 무기를 모아 의병 활동을 도왔다.

남자현이 태어나 살았던 집은 사라지고, 그 근처에 원래 모습대로 복원한 것이다. '남자현 지사 항일 순국비'가 세워져 있으며 남자현을 추모하는 사당이 들어서 있다.

**1876년** 강화도 조약 체결. 일본이 조선 땅에 마음 놓고 발을 들여놓게 되었다.

19살 1890년 김영주와 결혼했다.

24살 1895년 남편 김영주가 단발령 때 의병에 참가해 사망했다. 남자현은 이때 아들 김성삼을 뱃속에 품고 있었다.

**1895년** 단발령. 이 해에 명성황후가 일본에 의해 죽음을 당했고 의병이 일어났다.
**1897년** 대한 제국 선포. 조선에서 대한 제국으로 나라 이름을 바꾸었다.
**1910년** 한일 병합 조약 체결. 대한 제국은 일본 제국의 식민지가 되었다.

48살 1919년 3·1 운동에 참여한 뒤 만주로 독립운동을 하러 떠났다. 그 전까지 고향에서 아들을 키우고 병든 시어머니를 돌보며 살았다. 시어머니가 세상을 떠난 뒤 효부상을 받았다.

**1919년** 고종 서거. 이 해에 상하이에 대한민국 임시 정부가 세워졌다. 일본은 '문화 통치'를 시작했다.

53살 1924년 참의부의 채찬과 함께 독립 자금을 만들기 위해 국내로 들어왔다.

55살 1926년 박청산, 이청수와 함께 두 번째 잠입했다. 사이토 마코토 총독 암살 목적이었다.

창덕궁 금호문 앞. 조선 총독 사이토 마코토를 암살하기 위해 남자현이 순종 조문 행렬 사이에 숨어 기다리던 곳이다.

**1926년** 순종 서거. 순종 장례일에 학생들을 중심으로 한 6·10 만세 운동이 일어났다.

**57살** 1928년 만주 지린에서 김동삼, 안창호 등 47명의 독립운동가들이 일본의 사주를 받은 중국 경찰에 검거되자, 석방 운동을 해서 풀려나게 했다.

**60살** 1931년 김동삼이 일본 경찰에 체포되었을 때에도 탈출시키기 위해 온갖 노력을 아끼지 않았다.

**1931년** 만보산 사건 발생. 만보산 지역에서 일본의 술책으로 한국인 농민과 중국인 농민 사이에 수로 문제로 일어난 충돌 및 유혈 사태이다. 만주 사변이 일어나는 계기가 되었다.

**61살** 1932년 만주국 수립으로 영국인 리튼이 이끄는 국제 연맹의 조사단이 하얼빈에 오자 손가락을 잘라 '조선독립원'이라는 혈서를 썼다.

**62살** 1933년 만주국 전권대사이며 관동군 사령관인 무토 노부요시를 암살하려고 정탐하다가 일본 경찰에 붙잡혔다. 감옥에서 단식을 하다 건강을 잃고 풀려났지만 곧 사망했다.

**1945년 8월 15일** 일본 제국 무조건 항복 선언. 1939년부터 시작된 제2차 세계 대전도 끝났다. 대한민국은 식민지 통치에서 벗어나 주권을 회복했다.

**1962년** 건국훈장 대통령장 수여. 건국훈장은 나라에 공을 세운 사람에게 내리는 상으로 남자현은 독립운동을 한 공로를 인정받았다.

1935년까지 하얼빈 일본 총영사관으로 사용된 건물이다. 남자현을 비롯한 우리 독립운동가들이 잡혀가 고초를 겪은 곳으로 알려지고 있다.

하얼빈에 묻힌 남자현의 유해는 안타깝게도 사라지고 없으며, 남자현을 기리기 위해 1967년 국립현충원 애국지사 묘역에 남자현 묘가 만들어졌다. '순국선열 남자현의 묘'라는 글귀가 새겨져 있다.

### 참고 도서

• 이 책에서는 남자현의 삶을 이야기로 꾸미면서 아래 나온 『남자현 평전―나는 조선의 총구다』를 참고했고 몇몇 부분을 인용했습니다. 이를 너그러이 허락해 주신 이상국 선생님께 진심으로 감사드립니다.

김병기, 『김동삼』, 역사공간, 2012.
박찬승, 『한국독립운동사』, 역사비평사, 2014.
이상국, 『남자현 평전―나는 조선의 총구다』, 세창미디어, 2012.
정정화, 『장강일기』, 학민사, 1998.
조지 린치, 『제국의 통로』, 글항아리, 2009.
허은, 변창애, 『아직도 내 귀엔 서간도 바람소리가』, 민족문제연구소, 2010.

### 사진 출처

20쪽, 32쪽, 53쪽 위키피디아
69쪽, 118쪽, 119쪽(위) 독립기념관
90쪽 국립중앙도서관
116쪽 김재복
119쪽(아래) 이론과실천